Hiltrud Leenders ·
Michael Bay · Artur Leenders

Spießgesellen

Kriminalroman
Rowohlt Taschenbuch Verlag

ORIGINALAUSGABE

Veröffentlicht im Rowohlt Taschenbuch Verlag,
Reinbek bei Hamburg, September 2013
Copyright © 2013 by Rowohlt Verlag GmbH,
Reinbek bei Hamburg
Umschlaggestaltung yellowfarm gmbh, Stefanie Freischem
(Foto: plainpicture / albinmillot)
Satz ITC Mendoza (InDesign) bei
Pinkuin Satz und Datentechnik, Berlin
Druck und Bindung CPI – Clausen & Bosse, Leck
Printed in Germany
ISBN 978 3 499 25984 5

ro
ro
ro

ro
ro
ro

EINS *Das Boot Europa ist voll!*

Hunderte dieser Handzettel segelten in den Elsabrunnen, als Ackermann stolperte.

Er war entschlossen auf den Wahlkampfstand am Fischmarkt zumarschiert, dann aber an einer Kante im Pflaster hängengeblieben. Er ruderte wild mit den Armen, suchte Halt und riss den lichtblauen Sonnenschirm der «Deutschen Humanistischen Mitte» mit dem umlaufenden Slogan *Für ein starkes Abendland* so heftig um, dass auch noch der Tapeziertisch mit dem Infomaterial kippte.

«O Gott, o Gott!», rief Ackermann, rang die Hände und warf gleichzeitig seiner Frau einen Blick zu. «Wat tut mir dat leid! Sorry, Jungs, sorry!»

Zur selben Zeit kam an der Kreuzung Nassauer Allee und Albersallee ein Quadbikefahrer zum Stehen und sorgte im dichten Samstagsverkehr für Chaos. Autofahrer mussten unvermittelt bremsen, konnten nur knapp ausweichen, schimpften, zeigten dem Biker den Vogel und schlängelten sich um ihn herum.

Kommissar Ackermann schenkte den Wahlkämpfern ein letztes reumütiges Grinsen und nahm seine Frau in den Arm. «So, Süße, jetz' können wir gehen un' den beknackten Anzug kaufen.»

Aber Guusje ließ sich nicht mitziehen. Sie bückte sich und fischte einen der DHM-Handzettel aus dem Wasser.

Kopfschüttelnd hielt sie ihn Ackermann hin. «Seit die Nationalisten in Holland ihr Maul so weit aufreißen, war ich tatsächlich hin und wieder froh, dass ich bei unserer Heirat Deutsche geworden bin. Und jetzt so was!»

Sie knüllte den Zettel zusammen und ließ ihn fallen. «Egal, es gibt Wichtigeres. Aber erst mal brauche ich einen Kaffee.»

Ackermann schaute sich um. Im Café gegenüber schien noch was frei zu sein.

Rüde schob er ein paar unschlüssige Landsleute seiner Frau beiseite und eroberte einen Tisch am Fenster, von dem aus man exzellente Sicht auf das Durcheinander am Wahlkampfstand hatte.

«Wichtigeres?», schnaubte er. «Na, dat wüsst ich aber! Da reißt man sich den Hintern auf un' denkt, man hat alles im Griff, un' dann ziehen die in Düsseldorf einfach die Landtagswahl vor.»

Guusje seufzte tief und lange.

«Is' doch wahr, Mensch! Da haben wir alles wunderbar organisiert mit der Gegendemo am Parteitag von den Arschlöchern da draußen, un' jetz' können die ihren Mist schon vorher verbreiten. Da kann man doch die Krätze bei kriegen. Bin gespannt, wat Ludger dazu sagt.»

Wieder seufzte Guusje.

Ackermann riss sich zusammen und lächelte schief. «Is' ja gut, ich weiß, wir ham andere Sorgen.»

Und dann brach auch gleich wieder alles über ihn herein.

Joke, seine jüngste Tochter, hatte beschlossen zu heiraten, was bei ihm sowieso schon auf wenig Gegenliebe gestoßen war. «Du bis' grad ma' vierundzwanzig, wat musse da heiraten? Deine Schwestern sind doch au' noch ledig.»

Aber dann hatte sich auch noch herausgestellt, dass es sich nicht einfach um eine Hochzeit handelte, sondern um ein «Event».

Schon vor Monaten hatten seine Frauen – Joke, ihre beiden älteren Schwestern und sogar Guusje – angefangen, nach der passenden «Location» zu suchen.

Ein professioneller Hochzeitsplaner war engagiert worden, und seitdem hatte sich Ackermanns sonniges Gemüt doch sehr umwölkt.

Im ganzen Haus, «dat ich mir quasi vonne Lippen abgespart hab», flogen Hochglanzmagazine herum. Bilder von Brautroben, Brautjungfernkleidchen, Brautmutterensembles, Stoffmuster, Farbproben, Fotos von Blumenarrangements und mehrstöckigen Hochzeitstorten.

Um nichts anderes mehr drehten sich die Gespräche. «Nein, Pink mit Silber finde ich jetzt doch zu ordinär. Ich glaube, Cremeweiß mit einem Hauch Altgold ist schöner, auch im Brautstrauß.» – «Der Fotograf aus Düsseldorf ist spezialisiert auf Traumhochzeiten, kostet allerdings auch sechshundert mehr am Tag.»

Ackermann verbrachte mittlerweile so viele Abende in seiner Stammkneipe, dass es ihm schon zum Hals heraushing.

«Auf wen kommt dat Kind ei'ntlich?», fragte er resigniert. «Auf mich jedenfalls nich'!»

«Dat Kind» hatte ihm unter Tränen erklärt, dass eine langfristige Planung «lebenswichtig» sei, weil sie bis zum «Event» unbedingt noch sechs Kilo abnehmen musste und ihre Haare auch noch nicht die richtige Länge hätten für «die süße Hochsteckfrisur».

Guusje zuckte nur die Achseln.

«Et is' ja nich' bloß dat Geld», eiferte er sich weiter.

«Obwohl wir das eigentlich für unsere Reise in die Karibik gespart hatten, von der wir beide schon so lange träumen», fuhr seine Frau fort. Sie konnte die Litanei schon singen.

«Genau, aber dat mein ich doch gar nich'. Et is' bloß einfach alles so 'ne hirnverbrannte Amikacke. Un' so wat bei mein eigen Fleisch un' Blut. Da könnt man heulen.»

Guusje lächelte milde. «Und dann musst du dir auch noch einen neuen Anzug kaufen. Obwohl der von Jokes Taufe doch wahrhaftig noch gut genug ist.»

Ackermann kicherte. «Ganz genau.»

Die Verkäuferin aus der Konditorei am Krankenhaus machte ihre morgendliche Zigarettenpause. Wobei «Pause» eigentlich nicht das richtige Wort war. Sie hatte ihr Handy aus der Kittteltasche genommen und telefonierte mit ihrem Mann: Fynns Fußballspiel war heute schon um halb eins, die Stutzen und Schienbeinschoner waren noch im Wäschetrockner, und Fiona musste um zwei bei Jessica sein.

Zwischen den Bestellungen der Kunden – «Ich nehme den mit den Smarties drauf, ist für ein Kind» und «Bitte mit extra Sahne» – hatte sie das ganze Gehupe und Gebremse an der

Kreuzung wahrgenommen und aus dem Augenwinkel auch gesehen, dass da ganz vorn an der Ampel so ein Moped mit vier Rädern gestanden hatte.

Und immer noch stand.

Und der Mann auf dem Ding sah ziemlich komisch aus.

Er hatte so einen runden, altmodischen Helm auf und hing irgendwie schief nach rechts gekippt auf seinem Gefährt.

Immer noch wurde gebremst und gehupt, aber der Kerl auf dem Moped rührte sich nicht.

Die Bedienung aus der Konditorei warf kurzerhand ihren Mann aus der Leitung und drückte 110.

ZWEI Helmut Toppe, der Chef der Klever Kriminalpolizei, rieb sich den verspannten Nacken. Auch heute am Samstag hatte er schon seit acht Uhr wieder mit den Kollegen vom Staatsschutz und vom LKA in einer Sitzung gesessen, der siebten in dieser Woche.

Vor ein paar Monaten war eine neue Bundespartei gegründet worden, die «Deutsche Humanistische Mitte». Und die hatte beschlossen, ihren ersten Landesparteitag ausgerechnet in Kleve abzuhalten, und zwar schon in zwei Wochen.

Toppe drehte sich der Magen um, wenn er deren Parteiprogramm las, aber seine politischen Ansichten taten hier nichts zur Sache, seine Aufgabe war es, «Ausschreitungen» zu verhindern.

Wie hatte es der Innenminister so elegant ausgedrückt? Die DHM «polarisierte», und die zahlreichen Prominenten, die zum Parteitag in Kleve erwartet wurden, waren «nicht unumstritten».

Eine Großdemonstration gegen die DHM war für den Parteitag angemeldet worden, und einer der Organisatoren war ausgerechnet Jupp Ackermann, sein Kommissar aus dem Betrugsdezernat. Toppe kannte Ackermann als jemanden, der aus seiner persönlichen Meinung nie einen Hehl machte, für einen besonders politischen Menschen hatte er ihn allerdings nicht gehalten.

Wie auch immer, zur Gegendemo wurden mehrere tausend Leute aus ganz Deutschland erwartet.

Und dann hatte die DHM zu allem Übel gestern bekanntgegeben, dass ein international bekannter niederländischer Rechtspopulist auf dem Parteitag ein Grußwort sprechen würde und etliche seiner Anhänger zu seiner Unterstützung aus Holland anreisen wollten.

Die heutige Sitzung war einberufen worden, um jetzt auch noch niederländische Polizeikräfte in das inzwischen ausgearbeitete Sicherheitskonzept einzubinden. Wenn es zu einer Kundgebung aus dem rechten Lager gegen die Demonstration kam, wollte man gewappnet sein.

Toppe goss sich ein Glas Milch ein, er hatte Sodbrennen.

Diese ganze Geschichte war für Kleve zwei Nummern zu groß. Täglich brachten die Medien neue Berichte über die Partei und das Ereignis, und in der Stadt fing es langsam an zu brodeln.

Er trat ans Fenster. Bis jetzt war ihm gar nicht aufgefallen, wie schön das Wetter war, richtig warm für Mitte April. Vielleicht sollte er ein bisschen im Garten werkeln, die Gemüsebeete für die Frühjahrspflanzen vorbereiten, um den Kopf wieder klarzubekommen.

Hinter ihm kam seine dreizehnjährige Tochter die Treppe hinuntergehüpft.

«Du bist ja wieder da», freute sie sich. «Ich hab dich gar nicht gehört, ich hab mir die Haare geföhnt.»

Toppe musste schmunzeln. Katharina hatte von Natur aus lockiges Haar, aber in letzter Zeit gefiel ihr das nicht mehr, und sie versuchte immer, es mit irgendwelchen Wässerchen und dem Föhn zu glätten.

Er strich ihr über die Wange. «Wo steckt eigentlich deine Mutter?»

Als er um halb sieben aufgestanden war, hatte Astrid ihm einen warmen Schlafkuss gegeben und sich noch einmal umgedreht.

«Sie ist mit Sofia im Museum», antwortete Katharina. «Irgendwas stimmte mit der Hängung noch nicht.»

Ihre Mitbewohnerin Sofia Terhorst, eine international bekannte Malerin, hatte zum ersten Mal seit vielen Jahren wieder eine Ausstellung in ihrer Heimat. Sie sollte morgen eröffnet werden.

Katharina holte eine Packung Haferflocken und eine Tüte Nüsse aus dem Schrank. «Wieso musstest du eigentlich heute arbeiten?»

Als man ihn damals befördert hatte, war es ihm ziemlich schwergefallen, aus dem aktiven Dienst auszuscheiden. Er hatte die Arbeit vor Ort geliebt, ein reiner Schreibtischjob war nie sein Traum gewesen. Aber mittlerweile hatte er sich in seiner neuen Position eingerichtet, und die freien Wochenenden taten nicht nur ihm, sondern auch seiner Familie gut.

«In zwei Wochen ist der Rummel wieder vorbei», sagte er und erzählte ihr von der ganzen Aufregung. Sie hörte ihm aufmerksam zu, während sie ihr Müsli zusammenrührte.

«Aber dafür ist doch eigentlich die Schutzpolizei zuständig, oder?», fragte sie ernsthaft. «Damit habt ihr von der Kripo doch nichts zu tun.»

«Normalerweise nicht», bestätigte Toppe und verzog resigniert den Mund. «Man könnte von einem Ausnahmezustand sprechen.»

«Und wenn ihr jetzt einen Fall reinkriegt?»

«Dann wird's eng.»

Er mochte es sich gar nicht ausmalen, sie waren sowieso schon unterbesetzt.

Penny Small war mit Zwillingen schwanger und hatte ein Sabbatjahr genommen. Vor vierzehn Tagen war sie mit ihrem Mann Peter Cox, dem Aktenführer des KK 11, nach England gefahren, um ihre Familie zu besuchen. Peter würde erst am Montag wieder im Dienst sein.

Im Augenblick bestand die Mordkommission aus Norbert van Appeldorn und Bernie Schnittges – wenn jetzt etwas passierte, würde es also tatsächlich eng werden.

Katharina goss Milch in die Müslischüssel und setzte sich an den Tisch. «Positiv denken, wie meine Deutschlehrerin immer sagt. Wird schon alles gutgehen, Paps.»

Toppes Handy klingelte, und seine Tochter verdrehte die Augen. «Hätt ich nur nichts gesagt!»

Es war Bernie Schnittges.

«Wir haben einen Toten, und die Jungs vor Ort sagen, er fällt in unser Ressort. Ich kann aber Norbert nicht erreichen, weder über Handy noch über Festnetz.»

Toppe schwieg einen Moment erstaunt – das war noch nie vorgekommen.

«Peter ist noch in England, oder?», fragte Schnittges.

«Soweit ich weiß, wollte er erst morgen zurück sein.» Top-

13

pe überlegte nicht lange. «Ich komme», sagte er entschlossen.

Jetzt war es Schnittges, der verblüfft schwieg.

«Kreuzung Nassauer Allee und Albersallee», sagte er dann. «Wir treffen uns dort.»

Toppe unterbrach die Verbindung und wählte van Appeldorns Nummern. Auf dem Festnetz klingelte es durch, das Handy war ausgeschaltet, und auch beim Handy seiner Frau meldete sich nur die Mailbox. Was war da los? Ob ihrem Kind etwas passiert war?

DREI   «Der Mann heißt Ludger Evers.»

Der Kollege Klein von der Schutzpolizei hatte dem Quadbikefahrer den Führerschein aus der Innentasche der Lederjacke gezogen und hielt ihn Schnittges hin. «49 Jahre alt. Und
jetzt guck mal hier.»

Vorsichtig hob er den linken Arm des Toten ein wenig an.

Schnittges atmete scharf ein. «Eine Schusswunde!»

«Deshalb hab ich euch gerufen», nickte Klein. «Der Schuss
muss von dort links gekommen sein.»

Bernie schaute sich um. Das Bike stand auf der Linie zwischen der Geradeaus- und der Linksabbiegerspur. Die Straße war breit, links schloss sich ein Waldstück an, das jetzt
im April gut einsehbar war, Farne und Büsche hielten noch
Winterschlaf, nur die Laubbäume hatten erstes Grün angesetzt.

«Am helllichten Tag ...», murmelte er.

«Wir brauchen mehr Leute», entschied er dann. «Die ganze
Kreuzung muss abgesperrt werden, und zwar möglichst weiträumig.»

Er ging neben dem Bike in die Hocke. «Der hat wohl die Hände am Lenker gehabt, sonst wäre er nicht unter der Achsel getroffen worden.»

«Soll ich die Spusi rufen?», fragte Klein.

«Ja.» Schnittges' Blick glitt über die vielen Menschen, die am Straßenrand standen. «Wie sieht es mit Zeugen aus?»

«Keine bis jetzt, aber wir arbeiten dran», antwortete der Kollege.

«Und wer hat euch verständigt?»

«Eine Frau Meister, sie arbeitet in dem Café da drüben. Ich hab ihr gesagt, sie soll dort auf euch warten.»

«Gut gemacht.» Schnittges tippte sich an die Stirn. «Dann geh ich mal zu ihr rüber.»

«Und ich hänge mich an den Funk und lasse van Gemmern anrücken. Soll ich auch die Dokterin anrufen?»

«Die Dokterin» war Marie Beauchamps, die Pathologin vom Emmericher Krankenhaus – und Bernies Liebste.

«Das mach ich selbst», winkte er ab. «Trotzdem danke.»

Genau wie ihr Vorgänger, Arend Bonhoeffer, war Marie zuständig für die forensischen Fälle am unteren Niederrhein, und genau wie Bonhoeffer machte sie sich bei Gewaltdelikten gern ein eigenes Bild vor Ort.

Auf dem Weg zur Konditorei rief Bernie sie an. Sie freute sich, aber ihr fröhliches Zwitschern verschwand sofort, als sie hörte, um was es ging.

Das Gespräch mit Frau Meister brachte keine großen Erkenntnisse. Sie hatte die Polizei so gegen Viertel nach elf verständigt. Das rote Motorrad hätte aber schon länger an der Ampel gestanden, vielleicht zehn oder sogar zwanzig Minuten.

Schnittges bedankte sich. «Das Protokoll Ihrer Aussage lasse ich Ihnen dann zur Unterschrift zukommen.»

Sie schaute ihn enttäuscht an. «Ich dachte immer, dafür müsste man aufs Präsidium kommen. Mein Sohn ist elf, der fänd das bestimmt klasse.»

Bernie musste lächeln. «Wenn Ihnen das lieber ist, gern.»

«Gleich morgen früh?»

«Montag reicht völlig.»

Als er aus dem Café trat, sah er, dass van Gemmern schon angekommen war und gerade seinen Koffer aus dem Bus der Kriminaltechnik hievte.

Schnittges schaute auf die Uhr, der ED-Mann hatte keine zwanzig Minuten gebraucht. Stets bereit – die Vokabeln «Freizeit» und «Privatleben» kamen in van Gemmerns Wortschatz nicht vor. Er war ein knochentrockener Typ, kühl und hart gegen sich selbst. Nur einmal, als Marie Beauchamps angefangen hatte, als Forensikerin für sie zu arbeiten, war er kurz aus seinem Schneckenhaus gekommen. Aber es war ihm schnell klar geworden, dass Marie nur Augen für Bernie hatte, und seitdem schien er noch in sich gekehrter zu sein.

Auf der Kreuzung herrschte heilloses Chaos. Man hatte angefangen, die Absperrung aufzubauen, aber immer noch brausten aus allen vier Richtungen Fahrzeuge heran, mussten bremsen, dann wenden und sich irgendwie aneinander vorbeidrängen.

Jetzt kam auch noch ein Notarztwagen mit Blaulicht und Sirene aus der Krankenhauszufahrt geschossen und hielt auf die Kreuzung zu. Es gab einiges Geschrei, bis die Absperrung beiseitegeschoben war und der Wagen weiterfahren konnte.

Schnittges ließ sich auf der Mauer am Krankenhausparkplatz nieder und wartete auf Toppe.

Als er sich von Krefeld aus zum KK 11 nach Kleve hatte versetzen lassen, war Toppe schon Chef gewesen, deshalb hatte er nie direkt auf Augenhöhe mit ihm zusammengearbeitet. Aber natürlich waren ihm viele Geschichten aus dessen Zeit als Leiter der Mordkommission zu Ohren gekommen, über seine «großartige Kombinationsgabe» und das legendäre «Bauchgefühl», aber auch über seinen Hang zu melancholischer Eigenbrötlerei. Jetzt würde er sich selbst ein Bild machen können.

Er sah, wie Toppe sein Auto auf dem Grasstreifen abstellte, und ging zu ihm hinüber.

«Der Biker hier vorn», sagte er. «Schussverletzung unterm Arm. Sieh's dir selbst an.»

Toppe folgte ihm zum Quadbike und betrachtete den Toten, ging in die Knie, kam wieder hoch, drehte sich dann zum Waldstück um und ließ den Blick schweifen.

«Keine Zeugen bis jetzt», berichtete Schnittges. «Wir haben seinen Führerschein. Ludger Evers heißt der Mann.»

Toppe nickte. «Habt ihr Marie schon Bescheid gesagt?»

«Sie müsste gleich hier sein.»

Van Gemmern hatte Spurentafeln aufgestellt und war nun dabei, den Toten, das Fahrzeug und die Umgebung aus verschiedenen Entfernungen und Perspektiven zu fotografieren.

«Schon irgendwelche Erkenntnisse?», fragte Bernie, um einen lockeren Ton bemüht.

Der ED-Mann schaute ihn nicht einmal an. Wie immer sah er müde aus und grau, und wie immer bekam er die Zähne nicht auseinander.

«Das Projektil ist nicht ausgetreten», rang er sich schließlich ab, ohne die Kamera herunterzunehmen.

Schnittges wusste, dass van Gemmern ihm nicht sonderlich gewogen war, aber er gab nicht auf. «Kannst du schon was zur Waffe und zur Munition sagen?»

«Nein, nicht ohne den Bericht der Forensik.» Van Gemmern legte die Kamera beiseite.

«Ja, ich weiß, du spekulierst nicht gern», sagte Schnittges freundlich.

«Das überlasse ich euch.» Van Gemmern nickte Toppe einen Gruß zu und ging zum Bus. «Hier, der Inhalt seiner Taschen.»

Er hatte alles in Plastikbeuteln verpackt: Handy, Schlüsselbund, Führerschein, eine Zehneuronote und 4,52 Euro in Münzen.

«Das ist alles?» Toppe wunderte sich. «Kein Ausweis, keine Brieftasche, keine Kreditkarten?»

«Nein.»

In diesem Augenblick zischte ein schwarzer Mini vorbei, und van Gemmerns Miene gefror. Er drehte sich weg.

Marie stellte ihren Wagen weiter vorn auf dem Bürgersteig ab und kam zu ihnen rüber. Bernie spürte das wohlbekannte, aber jetzt völlig unangebrachte Kribbeln im Bauch.

Als er sie angerufen hatte, war sie gerade mit einer Obduktion fertig geworden und hatte sich offenbar noch Zeit für eine Dusche genommen. Ihre blonde Lockenmähne war noch feucht, irgendwie auf dem Kopf zusammengezwirbelt, und wurde von einem Buntstift gehalten, wie Schnittges verblüfft bemerkte, einem violetten Buntstift.

Sie schenkte ihm ein besonderes Lächeln und gab Toppe die Hand.

19

«Eine Schusswunde also», murmelte sie, während sie sich die Latexhandschuhe überstreifte und zu dem Toten hinüberging.

Toppe und Schnittges traten ein paar Schritte zurück und beobachteten, wie sie dem Mann vorsichtig den Helm vom Kopf zog.

Bernie waren vorhin die Trauerränder unter den zu langen, teilweise gesplitterten Fingernägeln des Toten aufgefallen, jetzt vervollständigte sich sein Bild. Das Haar des Mannes, früher wohl einmal goldblond, war grau gesträhnt und ungewaschen, stumpf und ohne Schnitt. Das Gesicht war teigig, unter den trüben Augen hatte er dicke Tränensäcke. Er sah älter aus als 49. Auch die Lederjacke war abgewetzt und brüchig, die Hose am Saum ausgefranst, an den nackten Füßen trug er Schuhe aus verschossenem Stoff.

Toppe suchte Schnittges' Blick. «Er sieht ärmlich aus», stellte er fest. «Wie passt da dieses Motorrad ins Bild?»

Bernie war genauso ratlos. «Funkelnagelneu. Sind ganz schön teuer, die Dinger. Vielleicht hat er es geklaut.»

Marie leuchtete dem Toten in die Augen.

«Hornhauttrübung», sprach sie in das Diktaphon, das sie sich umgehängt hatte.

Dann befühlte sie die Hände, schob einen Jackenärmel hoch – der Arm ließ sich nicht beugen, das konnte Toppe erkennen –, betastete den Unterkiefer.

«Todeszeitpunkt nach erster Inaugenscheinnahme», sie sah auf ihre Armbanduhr, «elf Uhr plus minus fünfzehn Minuten.»

Bernie nickte, das deckte sich mit Frau Meisters Angaben.

«Es gibt keine Austrittswunde.» Marie schaute Toppe an. «Das Geschoss steckt also noch im Körper.»

Toppe nickte langsam. «Das könnte bedeuten, dass der Schuss aus größerer Entfernung abgegeben wurde.»

«Genau», bestätigte Schnittges, «und zwar vom Waldrand dort.» Ihm war das schon die ganze Zeit durch den Kopf gegangen. «Der Boden ist im Augenblick relativ feucht, da müssten sich Spuren vom Täter finden lassen und mit etwas Glück vielleicht sogar die Hülse. Wir sollten noch ein paar Leute anfordern.»

«Ich weiß nicht», mischte sich Marie ein. «Größere Entfernung ist eine Möglichkeit, aber mit Sicherheit können wir das erst sagen, wenn ich die Kugel herausgeholt habe und die Kriminaltechnik sie sich angeschaut hat.»

«Können Sie sofort obduzieren?», fragte Toppe.

«Sicher», antwortete sie. «Sobald mir der Bestatter den Leichnam gebracht hat. Ich rufe ihn gleich an.»

«Prima.» Toppe lächelte flüchtig und blickte zum Himmel. «Das Wetter scheint sich zu halten. Warten wir also die Obduktion ab», entschied er. «Wir lassen das Waldstück abriegeln und eine Wache hier.»

«Ich kümmere mich darum», sagte Schnittges. «Und dann fahre ich ins Büro und finde heraus, wer dieser Ludger Evers ist.» Er zögerte. «Und welche Angehörige benachrichtigt werden müssen ... Oder wäre es dir lieber, wenn ich bei der Leichenschau dabei bin?»

«Nein, das übernehme ich diesmal», antwortete Toppe.

Wenn eine Leiche zur Klärung eines Gewaltdelikts geöffnet werden musste, war die Anwesenheit eines Polizisten als Zeuge Vorschrift. Früher hatte Toppe sich gern davor gedrückt, heute machte es ihm merkwürdigerweise gar nichts aus.

21

«Ich kann dann auch gleich das Geschoss mit ins Labor nehmen», fügte er hinzu.

Bernie hob zustimmend den Daumen und machte sich auf den Weg zu den uniformierten Kollegen.

Marie fing an, ihre Sachen zusammenzupacken.

«Reicht es, wenn ich in einer Stunde in der Pathologie bin?», fragte Toppe.

«Perfekt.» Sie nahm ihre Tasche.

Toppe holte Schnittges ein. «Ich fahre vorher noch bei Norbert vorbei. Irgendetwas stimmt da nicht.»

«Ja, ich mache mir auch Sorgen.»

Der Kollege Klein kam angelaufen. «Chef», rief er, «ich muss hier leider ein paar Leute abziehen. Wir brauchen dringend mehr Präsenz in der City.»

Toppe wurde flau. «Was ist passiert?»

«Irgendein Bürger hat anscheinend den Wahlstand von dieser neuen Partei zerlegt», antwortete Klein finster. «Angeblich aus Versehen! Und dann ist es wohl auch noch zu Auseinandersetzungen mit den ‹Piraten› gekommen, die auch am Fischmarkt stehen. Auf alle Fälle brauchen wir mehr Streifen in der Innenstadt.»

Am liebsten hätte Toppe sich selbst ein Bild von der Situation gemacht.

Zu allem Übel klingelte jetzt auch noch sein Handy. Er sah aufs Display – van Appeldorn.

«Regel du das, Bernie», sagte er zu Schnittges und stieg in seinen Wagen.

Dann atmete er tief durch und nahm das Gespräch an. «Norbert, wo, um Himmels willen, steckst du?»

«Ich bin im Krankenhaus.»

Toppe fuhr der Schreck in die Glieder. «Hattest du einen Unfall?»

«So ähnlich», antwortete van Appeldorn. «Ist beim Training passiert.»

«Bei welchem Training?», fragte Toppe irritiert, aber dann dämmerte es ihm gleich. «Du spielst wieder Fußball!»

Van Appeldorn war viele Jahre lang passionierter Hobbyfußballer und Jugendtrainer beim SV Siegfried Materborn gewesen, hatte aber vor ein paar Jahren eingesehen, dass er für den aktiven Sport langsam zu alt wurde. Nur einmal noch, vor zwei Jahren, hatte er sich überreden lassen, bei einem Benefizspiel der Klever Polizei gegen eine Mannschaft der Kollegen aus Nimwegen mitzuspielen, und war einer der Stars auf dem Platz gewesen.

Das wusste Toppe. Er hatte allerdings nicht gewusst, dass van Appeldorn seitdem immer mal wieder bei der Materborner Altherrenmannschaft «ausgeholfen» hatte.

«Bist du noch ganz gescheit?», herrschte Toppe ihn an.

«Jetzt hör schon auf», gab van Appeldorn gereizt zurück. «Den Mist von wegen ‹in meinem Alter› hab ich mir schon von Ulli anhören müssen.»

«Und recht hat die Frau», erwiderte Toppe ebenso sauer. Dann besann er sich. «Du bist also verletzt.»

«Kreuzbandriss», erklärte van Appeldorn kleinlaut.

«Das hört sich schlimm an. Wie lange fällst du aus?»

«Sechs Wochen ungefähr ...»

Toppe hatte Mühe, seine Wut zu zügeln, und schwieg einen Moment.

«Ist wohl sehr schmerzhaft», rang er sich schließlich ab und ließ sich dann geduldig die Behandlung schildern, versprach auch einen Besuch.

«Sobald ich dazu komme.»

«Was meinst du damit? Gibt es Stress?»

«Das willst du gar nicht wissen.»

VIER   Toppe war im vergangenen Jahr so einiges an Klatsch über Marie Beauchamps zu Ohren gekommen. Sie sei ein Wirbelwind, immer auf der Überholspur, hektisch, man könne kaum mit ihr Schritt halten, und der arme Bernie – ob der wohl jemals seine Ruhe hatte mit so einer Frau?

Bei ihrer Arbeit heute hatte Toppe sie ganz anders erlebt. Sie war besonnen und zielstrebig gewesen und, soweit er das beurteilen konnte, genauso gründlich wie Arend.

Und sie hatte ihm in einer Plastikdose das Geschoss mitgegeben, das Ludger Evers getötet hatte.

Als er jetzt die Tür zum Labor öffnete, bot sich ihm ein vertrauter Anblick: Klaus van Gemmern, grau und gebeugt und so vertieft in seine Arbeit, dass er es vermutlich nicht einmal bemerkt hätte, wenn eine Schützenkapelle vorbeimarschiert wäre.

Offensichtlich hatte er sich Evers' Handy vorgenommen.

«Ich bringe dir die Kugel, oder was davon übrig ist», sagte Toppe. «Sie ist unter der Achsel in den Körper eingedrungen und hat die Herzspitze zerfetzt.»

Erst als er mit der Plastikdose rappelte, hob van Gemmern den Kopf.

«Ist gut. Ich nehme sie mir vor, sobald ich hiermit fertig bin.»

Toppe fragte sich, was wohl so wichtig an dem Handy sein mochte, aber er hielt den Mund. In der Regel wusste van Gemmern, was er tat.

Auf dem Flur der Kripo war es still, außer Bernie Schnittges und ihm schien heute keiner im Büro zu sein.

Bernie saß am Bildschirm und sah Toppe gespannt an. «Hast du Norbert erwischt?»

«Er hat mich angerufen, als ich gerade zu ihm fahren wollte», antwortete Toppe schmallippig.

Dann zog er seine Jacke aus, setzte sich an van Appeldorns Schreibtisch und erzählte die leidige Geschichte.

Ein Grinsen huschte Schnittges übers Gesicht. «Dem ist wohl der Rummel um sein Supertor beim Benefizspiel zu Kopf gestiegen.» Aber dann wurde er gleich wieder ernst. «Ein Kreuzbandriss ist eine schlimme Geschichte.»

«Und vor allem so langwierig», fügte Toppe gallig hinzu, musste dann aber lachen. «Ist schon manchmal ein bisschen peinlich, wenn wir Männer in die Jahre kommen. Na ja, vielleicht ist er jetzt endlich gescheit geworden.»

Er merkte gar nicht, dass er dabei den Bildschirm, die Tastatur, den Aktenkorb und das Telefon herumschob, bis alles so stand wie früher, als dies noch sein Platz gewesen war.

Er schaute zum Fenster hinaus.

Die ganzen Jahre hatte er hier auf die Brache des ehemaligen Klever Hafens geblickt.

Jetzt gruppierten sich dort auf dem Gelände rechts und

links des Kanals die strahlend weißen Gebäude der neuen «Hochschule Rhein-Waal».

Vor drei Jahren war Kleve Hochschulstadt geworden und hatte es geschafft, in null Komma nichts den Campus aus dem Boden zu stampfen, einen sehr ansprechenden Campus, wie Toppe fand.

Die Hochschule war international aufgestellt, in vielen Fachbereichen war die Unterrichtssprache Englisch, und so kamen die Studenten von überall her.

In wenigen Jahren schon würden zehn Prozent der Innenstadtbewohner zwischen 18 und 25 Jahre alt sein, eine Altersgruppe, die in der Stadt immer gefehlt hatte.

Er wandte sich wieder Bernie zu. «Was hast du über Evers herausgefunden?», fragte er.

«Herzlich wenig.» Schnittges schaute auf seine Notizen. «Ludger Gerhard Evers, geboren in Kleve, ledig, keine Geschwister. Nicht vorbestraft. Ich hab ihn durch die ganzen Dateien laufen lassen, er ist nie auffällig geworden. Was uns angeht, also ein unbeschriebenes Blatt. Seit dem 1. April ist er in der Nassauer Allee gemeldet. Davor hat er am Opschlag gewohnt, und zwar seit seiner Geburt. Offenbar bei seinen Eltern, Gerhard und Maria Evers, die kurz nacheinander, 2007 und 2008, verstorben sind.»

«Der hat in seinem Alter noch bei den Eltern gewohnt?»

«Ich find's auch seltsam. Vielleicht war er irgendwie behindert.»

Toppe schüttelte den Kopf. «Körperlich war bei der Obduktion nichts auffällig, und geistig muss es ja zumindest für den Führerschein gereicht haben. Was hat er denn beruflich gemacht?»

27

«Darüber habe ich nichts gefunden.» Bernie hielt einen Schlüssel in die Höhe. «Der müsste zu seiner neuen Wohnung an der Nassauer Allee gehören; hab ich mir eben im Labor abgeholt. Wollen wir los?»

«Und du bist ganz sicher, dass du dir die richtige Hausnummer aufgeschrieben hast?» Toppe traute seinen Augen nicht.

Sie standen vor einem brandneuen, todschicken Gebäudekomplex, von dem er etliche Male in der Zeitung gelesen hatte: Eigentumswohnungen vom Feinsten mit Security, Hausmeisterservice, Wellnessbereich und Pool – keine unter 300 000 Euro. Für Kleve ein gewagtes Projekt.

Er hatte gehört, dass das Bauunternehmen «Vestobuild», das die Häuser hochgezogen hatte, inzwischen in die Insolvenz gegangen war und die Handwerksfirmen, die dort gearbeitet hatten, bisher leer ausgegangen waren. Wie auch immer, wenn man der lokalen Presse glaubte, waren die Wohnungen weggegangen wie geschnitten Brot. Es schien doch genug Leute zu geben, die über das nötige Kleingeld verfügten. Und zu denen sollte dieser verlotterte, kränklich wirkende Mann mit dem Quadbike gehören?

«Ganz sicher, hier steht's ja auch. ‹L. Evers›.» Schnittges deutete auf die Klingelschilder – alle Namen einheitlich in mattgebürsteten Edelstahl geprägt –, die neben einem schweren Metalltor angebracht waren. «Oberster Stock.»

«Videoüberwacht», bemerkte Toppe, holte seinen Dienstausweis aus der Tasche und hielt ihn probeweise in die Kamera.

Nichts passierte.

«Warte mal», sagte Bernie, «hier ist ein Eingabefeld. Vielleicht braucht man einen Zugangscode.»

Toppe wurde ungeduldig. «Irgendjemand muss uns doch hier stehen sehen. Oder glaubst du, die Überwachungskameras sind nur Attrappen?»

Er wollte gerade die Hand heben, um gegen das Tor zu bollern, als es summend zur Seite glitt und ein Mann vor ihnen stand. Er trug eine gestärkte graue Uniform und eine Baseballmütze, die ihn zum «Security Officer» machte.

«Polizei?», fragte er. «Wie kann ich helfen?»

Schnittges sagte es ihm.

Der Mann stellte sich noch ein wenig breitbeiniger auf und streckte die Hand aus. «Da bräuchte ich den Durchsuchungsbefehl.»

«Nein», entgegnete Toppe freundlich, «den bräuchten Sie nicht», und erklärte ihm geduldig die Sachlage.

Der Mann trat zur Seite.

Sie kamen in einen Innenhof – Oliven- und Zitronenbäume in Kübeln, Granitstelen mit Wasserspielen –, dann in einen raffiniert beleuchteten Eingangsbereich mit einer Glaskanzel, die allerdings unbesetzt war.

«Demnächst wird hier rund um die Uhr unser Concierge sitzen», sagte der «Security Officer» und grinste großspurig. «Der Schlüssel alleine nützt Ihnen übrigens nichts. Ins Penthouse kommen Sie nur mit dem Lift, und da brauchen Sie den Code.»

«Na, dann rücken Sie den mal raus», forderte Schnittges ihn munter auf.

Der flüsterleise Aufzug brachte sie in Sekundenschnelle ins Dachgeschoss.

Den Schlüssel brauchten sie nicht, die Tür zu Evers' Wohnung stand offen.

Einen Augenblick lang sahen sie sich nur sprachlos um: ein riesiger Raum, an drei Seiten Fenster bis zum Boden, die auf eine umlaufende Dachterrasse hinausgingen, an der vierten Wand eine Designerküche mit freistehendem Kochblock.

«Was für ein Wahnsinns-Fußboden!», entfuhr es Bernie.

Im Wohnraum lag mattschimmerndes Eichenparkett, im Küchenbereich gegossener Zement mit kleinen verstreuten Mosaikelementen in leuchtenden Farben unter einer Hochglanzversiegelung.

Die wenigen Möbelstücke, die wahllos im Raum herumstanden, waren allerdings mehr als schäbig: ein durchgesessenes Sofa mit einem ausgeblichenen Plüschbezug, zwei Cocktailsessel aus den Fünfzigerjahren, ein zerkratzter Schreibtisch, darauf ein brandneuer PC mit Monitor und Tastatur, alles ausgepackt, aber noch nicht angeschlossen. Überall stapelten sich offene Obstkartons, darin ein wüstes Durcheinander von Büchern und Papierkram.

Bernie schaute seinen Chef unschlüssig an.

Die beiden Männer hätten unterschiedlicher nicht sein können. Während Toppe darauf brannte, sich Evers' Sachen anzusehen und sich so ein Bild von ihm zu machen, hätte Schnittges am liebsten das Weite gesucht. Er hasste es, in anderer Leute Zeugs herumzuwühlen, was vermutlich an seiner Familie lag. Wenn man fünf Geschwister hatte, war Privatsphäre ein kostbares Gut.

Toppe ging zielstrebig zum ersten Karton, und Bernie schaute sich die restlichen Räume an: ein imposantes Bad, völlig unberührt, keine Handtücher, kein Waschzeug, ein

Ankleideraum, ein Schlafzimmer ohne Bett, in einer Ecke ein paar graue Müllsäcke.

Er öffnete sie mit spitzen Fingern: zerschlissene Bettwäsche, Wolldecken, Kleidung, auf den ersten Blick in keinem besseren Zustand als die Sachen, die Evers getragen hatte.

Wie passte das alles zu diesem Nobelschuppen?

Er kehrte zum Küchenbereich zurück und öffnete den amerikanischen Kühlschrank – leer. Auch in den Küchenschränken war nichts. Auf dem sechsflammigen Gasherd stand eine blaue Plastikwanne, die ein paar Küchengeräte enthielt, einen Toaster, ein Bügeleisen, einen Handmixer, alles fast schon antik, sicher über dreißig Jahre alt und klebrig von Fett und Kochdunst.

«Gewohnt hat der hier nicht», sagte er. Seine Stimme hallte unangenehm. «Im Schlafzimmer gibt es nicht einmal eine Matratze und auch keine Handtücher im Bad.»

Toppe brummte zustimmend. «Hilf mir mal mit diesen Kisten. Hier scheint nur irgendwelcher Mist drin zu sein.»

Sie arbeiteten gründlich, trugen Schicht für Schicht ab, stapelten Bücher und Papiere.

Irgendwann wurde es zu dunkel, und Bernie schaltete das Licht ein – in die Decke eingelassene Strahler flammten auf.

Toppe kam ächzend hoch und drückte das Kreuz durch. «Nichts», stellte er frustriert fest. «Ein paar alte Briefe und Postkarten von irgendwelchen Leuten, alle über zwanzig Jahre alt.»

«Keine Unterlagen über den Wohnungskauf, keine Versicherungspapiere, keine Kontoauszüge», zählte Schnittges auf.

Toppe sah auf seine Hände, die schwarz vom Staub waren, ging zur Spüle und hielt sie unter den Wasserkran. «Ich den-

31

ke, du hast recht, Evers muss noch woanders gewohnt haben. Womöglich immer noch in seiner alten Wohnung am Opschlag ...» Er schüttelte die Wassertropfen ab.

«Er hat sich aber offiziell umgemeldet, und er hatte auch keine anderen Schlüssel bei sich», gab Bernie zu bedenken und wusch sich auch die Hände. «Egal», sagte er dann. «Fahren wir einfach mal hin. Vielleicht wissen ja seine früheren Nachbarn etwas.»

Toppe nickte und legte die Hand auf seinen Magen. «Wenn ich ehrlich bin, habe ich schrecklichen Hunger.»

Bernie lächelte. «Da bin ich aber froh. Ich habe heute noch nicht mal gefrühstückt. Sollen wir kurz was essen gehen?»

«Gute Idee.» Toppe hielt die Wohnungstür auf. «Kann ruhig was Ungesundes sein.»

Schnittges schaltete das Licht aus, zog die Tür ins Schloss und steckte den Schlüssel ein. «Hauptsache, warm und kalorienreich.»

Es war nach neun, als sie über die Herzogbrücke zum Opschlag gingen und Schnittges plötzlich wie angewurzelt stehen blieb. «Das glaub ich jetzt nicht!»

«Was?»

«Das Haus ist weg!»

Toppe schaute in die Richtung, in die Schnittges zeigte.

In der Häuserzeile auf der gegenüberliegenden Seite des Spoykanals klaffte eine Lücke.

«Du meinst, Evers' Wohnung war in dem Haus?» In Toppes Erinnerung regte sich etwas.

«Ja, guck, ich hatte mir die Adresse extra aufgeschrieben.»

«Das Grundstück hat vor einer Weile ein Investor gekauft.

Hab ich irgendwo gelesen. Das Haus war wohl ziemlich baufällig, und er wollte es abreißen lassen.»

«Was er augenscheinlich auch gemacht hat», sagte Schnittges grimmig.

Toppe kniff die Augen zusammen. Offenbar hatte man sogar schon die Baugrube für ein neues Gebäude ausgehoben und eine Tafel aufgestellt. «Vestabau», las er und stutzte. «Vestobuild» und «Vestabau»? Wahrscheinlich kein Zufall. Es kam ja häufig vor, dass jemand mit einer Firma Insolvenz anmeldete und am nächsten Tag unter dem Namen seiner Frau oder auch seiner Mutter eine neue gründete.

Schnittges sah Toppe fragend an. «Was jetzt? Klinken putzen bei den Nachbarn?»

Toppe taten so langsam die Knochen weh. «Ohne Not um diese Uhrzeit? Besser nicht. Es scheint ja nicht einmal Verwandte zu geben, die wir benachrichtigen müssen. Lass uns ins Präsidium zurückfahren. Vielleicht hat Klaus ja was für uns.»

Van Gemmern wartete schon im Büro auf sie, und er war nicht allein, Josef Ackermann war bei ihm.

«Jupp!» Schnittges stutzte. «Was machst du denn hier?»

Toppe, der schon seit mehr als zwanzig Jahren mit Ackermann zu tun hatte und über dessen Netzwerk am Niederrhein Bescheid wusste, wunderte sich überhaupt nicht.

«Du kanntest Ludger Evers», stellte er fest und setzte sich.

«Stimmt.» Ackermann sah traurig aus. «Obwohl ... kennen ist zu viel gesagt ... Ich hatte da wat munkeln hören, von wegen, Ludger wär erschossen worden. Jetz' hat mir Klaus dat grad alles erzählt. Habt er denn schon wat rausgekriegt?»

Auch Bernie hatte sich inzwischen einen Platz gesucht und

fasste das Wenige zusammen, das sie bis jetzt herausgefunden hatten.

Ackermann rieb sich die Ohren. «Ja, dat mit de Millionärsklitsche weiß ich auch noch nich’ lang. Hätt ich auch nich’ gedacht ...», sagte er bedrückt.

Schnittges wurde ungeduldig. «Jetzt erzähl schon, was du von Evers weißt.»

«Na ja, viel is’ et nich’.» Ackermann beugte sich nach vorn, stützte die Ellbogen auf die Knie und strich sich übers Kinn.

«Ich kenn den ja erst seit Januar. War ’n netter Kerl, ’n bisschen langsam, aber sons’ ganz in Ordnung ...» Er hob schnell die Hand, als er Bernies Blick auffing. «Also, dat war so: Im Januar hab ich inne Zeitung gelesen, dat sich ’n paar Leute, Grüne un’ Jusos un’ so, treffen wollten wegen dem Parteitag vonne DHM. Da bin ich hin, klar. Schon wie ich dat erste Mal gehört hab, wat diese Faschos so von sich geben ... aber egal. Jedenfalls fand ich dat klasse, dat jemand wat gegen die unternehmen wollte. Un’ auf dieser Versammlung war dann auch der Ludger. Daher kenn ich den.»

Er blinzelte. «Wir haben an dem Abend beschlossen, dat wir ’ne Demo machen wollen, un’ zwar eine, die wat hermacht mit groß Presse un’ alles. Aber als et um die Organisation ging, da wollte von den Politischen keiner so richtig ran, un’ da haben Ludger un’ ich dat übernommen, Öffentlichkeitsarbeit, Genehmigungen un’ alles. Daher kenn ich den», wiederholte er und schüttelte langsam den Kopf.

«Un’ wie wir uns vorgestern getroffen haben, kommt der auf einmal mit ’nem geilen neuen Quadbike an, sagt, er hätt geerbt, un’ er hätt sich da auch ’ne Wohnung gekauft anne Nassauer Allee. Hab ich natürlich ‹Glückwunsch› gesagt.»

Er wühlte in seinen Hosentaschen, holte ein zerknautschtes Papiertaschentuch hervor und putzte sich die Nase.

«Dat Einzigste, wat ich sons' noch von dem weiß, is', dat er 'ne Freundin hatte, die Ally heißt, un' dat er bei der auch gewohnt hat, in Bedburg, glaub ich. Den Nachnamen kenn ich nich', auch nich' die Adresse, aber», und jetzt leuchteten seine Augen schon wieder, «bis morgen krieg ich dat raus. Un' auch sons' alles, wat man über Ludger Evers wissen muss. Is' doch Ehrensache!»

Schnittges verkniff sich ein Stöhnen. «Und wie willst du das anstellen?»

Ackermann zuckte die Achseln. «Et gibt immer einen, der einen kennt. Man muss bloß wissen, wen man fragen muss.» Er warf einen Blick auf seine Uhr und stand auf. «Et is' spät, ich mach mich besser vom Acker, man will die Leute ja nich' aus 'em Bett klingeln.»

«Vielen Dank, Jupp», sagte Toppe schlicht.

«Keine Ursache, so wat macht man doch immer wieder gerne.» Ackermann winkte und verschwand.

«Jetzt bin ich dann wohl dran», bemerkte van Gemmern, und Schnittges stellte fest, dass in seiner Stimme eine Spur von Humor mitschwang. Es geschahen noch Zeichen und Wunder.

«Ich hatte mich zuerst auf Evers' Handy konzentriert», begann van Gemmern. «Ein vorsintflutliches Modell, das er offenbar kaum benutzt hat. Keine Namen oder Nummern gespeichert. Als ich mir die Anruflisten angesehen habe, fiel mir auf, dass in den letzten Wochen immer wieder eine bestimmte Nummer auftauchte, und zwar seit Anfang Februar …»

«Lass mich raten», warf Toppe ein. «Es war Ackermanns Nummer.»

35

«Exakt.» Van Gemmern kniff die Lippen zusammen.

«Sag mal, hat das Handy heute geklingelt?», fragte Toppe. «Oder ist eine SMS eingegangen?»

«Nein», antwortete van Gemmern, «ganz sicher nicht.»

«Seltsam, oder? Wenn Evers mit seiner Freundin zusammenlebt, warum hat die ihn bis jetzt noch nicht vermisst?»

«Gute Frage eigentlich», bestätigte van Gemmern. «Aber was anderes erst mal.»

Er hob die Dose mit den Geschossteilen hoch. «Das hier ist interessant. Die Kugel stammt aus einem .38er Revolver – ein leichtes Hohlspitzgeschoss, sehr zerlegungsfreudig, wie ihr seht.»

«Aus einem Revolver?» Bernie runzelte die Stirn. «Dann muss der Schuss aus der Nähe abgegeben worden sein.»

«Richtig.» Van Gemmern nickte. «Und zwar aus einer Entfernung von ungefähr zwei Metern.»

«Das bedeutet», Toppe versuchte, sich die Kreuzung vorzustellen, «der Schuss ist aus einem Fahrzeug heraus abgegeben worden oder von einem Zweirad.»

«So sehe ich das auch», stimmte van Gemmern ihm zu. «Ich habe die Kreuzung schon aufgezeichnet, damit wir uns das besser vorstellen können. Wartet kurz, ich hole die Tafel aus dem Labor.»

Toppe hielt ihn zurück. «Ich sag's nicht gern, aber ich bin müde. Lasst uns das auf morgen verschieben.»

Er knipste seine Schreibtischlampe aus und stand auf. «Die Wache an der Kreuzung ...»

«... kann abgezogen werden», beendete Schnittges den Satz. «Und die Absperrung kann auch weg. Mach Feierabend, ich kümmere mich schon darum.»

Auf dem Hof war es dunkel, nur aus dem Arbeitszimmer unter dem Dach, das Astrid und er sich teilten, schimmerte noch Licht.

Toppe ließ den Wagen ausrollen.

Bestimmt saß Astrid noch über ihrem neuen Konzept für die Firma. Seit sie den Betrieb von ihren Eltern hatte übernehmen müssen, hatte sie ihn Schritt für Schritt komplett umstrukturiert. Momentan plante sie die Beteiligung aller Mitarbeiter an den Gewinnen, die die Fabrik abwarf. Sie hatte ein Projekt aufgetan, das sich vielversprechend anhörte: An der Hamstraße sollte eine Ökosiedlung entstehen mit Blockheizkraftwerk, Wärmepumpen, Photovoltaik, allem, was gut und teuer war. Bauträger würde eine Genossenschaft sein, an der jeder Bürger Anteilsscheine erwerben konnte. Astrid dachte darüber nach, ein Paket dieser Scheine zu kaufen und sie dann an ihre Mitarbeiter zu verteilen.

Leise schloss er die Autotür und blieb einen Augenblick stehen, um die kühle Nachtluft einzuatmen.

Wie immer freute er sich, nach Hause zu kommen. Zu Hause, das war seit vielen Jahren die Wohngemeinschaft mit Sofia und Arend auf dem ehemaligen Bauerngut, das sie nach und nach umgebaut und restauriert hatten, bis es ihren Vorstellungen entsprach.

Er genoss es, auf dem Land zu leben, die Jahreszeiten zu spüren, so, wie jetzt, den Frühling riechen zu können.

Astrid öffnete die Tür des Arbeitszimmers und spähte die Treppe hinunter. «Ich hab dein Auto gehört», sagte sie. «Ist ganz schön spät geworden.»

«Das kannst du laut sagen.» Er umarmte sie. «Bei dir aber auch.»

Sie zog ihn ins Zimmer und goss ihm Tee ein. «Ich wollte auf dich warten. Ich habe nämlich die Anteilsscheine gekauft.»

«Heute? Am Samstag?»

«Das war gar kein Problem.» Sie sah ihm fest in die Augen. «Der Mann, der diese Genossenschaft ins Leben gerufen hat, ist übrigens Sebastian Huth.»

Toppe lief es eiskalt den Rücken herunter. «Der Vorsitzende der Klever DHM? Das kann nicht dein Ernst sein!»

«Doch. Ich habe wirklich gründlich darüber nachgedacht, Helmut.» Sie rieb sich den Nacken. «Mir war schon klar, was du dazu sagen würdest. Aber dieses Genossenschaftsmodell ist wirklich eine super Sache.»

«Schon», gab Toppe zu, «aber ...»

«Und dann ausschließlich erneuerbare Energien! Wer auf so eine Idee kommt, kann doch nicht ganz falsch sein», redete Astrid weiter. «Sofia hat auch Anteilsscheine gekauft. Und selbstverständlich haben wir uns über Huth informiert.»

«Habt ihr?» Er merkte, dass sie langsam wütend wurde.

«Was denkst du denn! Huth ist ein anerkannter Finanzexperte, er hat jahrelang als Broker und Banker in London gearbeitet. Dass er in der falschen Partei ist, ist wirklich das Einzige, was gegen ihn spricht. Aber ich habe für mich entschieden, dass mir das nicht so wichtig ist. Außerdem war er vorher in der FDP.»

Und das soll eine Empfehlung sein? Die Frage lag Toppe auf der Zunge, aber er verkniff sie sich. Er hatte nicht die geringste Lust auf einen Streit. Vielleicht war er tatsächlich zu engstirnig, das Genossenschaftsmodell war ja wirklich eine großartige Idee.

Er nahm seinen Becher, schnupperte – Kräutertee – und lächelte leise.

«Hast du Hunger?», fragte sie.

Toppe ließ sich in seinen Sessel fallen. «Nein, ich hab zwischendurch was gegessen.»

«Und?» Sie betrachtete ihn. «Wie gefällt es dir, wieder richtig zu ermitteln?»

Toppe trank einen Schluck. «Das weiß ich noch nicht so genau. Im Moment bin ich vor allem müde.»

Sie hatten sich ins Bett gekuschelt und waren beide in einen angenehmen Halbschlaf hinübergedämmert, als Astrid noch einmal hochfuhr. «Christian hat angerufen.»

Toppe drehte sich auf den Rücken, schlagartig hellwach.

Christian war sein ältester Sohn aus seiner Ehe mit Gabi.

«Christian?»

«Ja, er hat demnächst ein Klassentreffen hier und wollte wissen, ob er bei uns übernachten kann.»

Toppes Magen kribbelte. Er hatte Christian seit Jahren nicht gesehen.

«Das ist doch schön», murmelte er.

«Ja, das hab ich ihm auch gesagt.» Astrid drehte sich auf die Seite. «Er will sich morgen noch mal bei dir melden.»

Toppe blieb auf dem Rücken liegen.

Er war ein miserabler Vater gewesen und ein ebenso schlechter Ehemann. Damals in seinen ersten Jahren bei der Kripo hatte er nur für den Beruf gelebt. Hatte stets doppelt so viel geleistet, wie er eigentlich hätte leisten müssen, einfach weil er immer gegen seine eigenen Minderwertigkeitsgefühle angekämpft hatte. Was ihm damals nicht bewusst gewesen war. Auch nicht, dass seine Söhne geglaubt hatten, sie seien ihm nicht wichtig.

Oliver, der Jüngere, schneite hin und wieder für ein paar Tage herein, immer unangemeldet, immer gut drauf. Katharina war ganz vernarrt in ihren «großen Bruder». Er lebte munter in den Tag hinein, ungebunden, arbeitete mal als Animateur, mal in einer Segelschule. Im Moment hatte er einen Job als Surflehrer irgendwo in Australien. Erst gestern war eine Postkarte «für mein kleines Lesterschwein» gekommen.

Christian war nach seinem Architekturstudium zusammen mit seiner Freundin Clara als Entwicklungshelfer nach Afrika gegangen. Sie hatten dort Straßen und Brunnen gebaut, Krankenstationen und Kinderheime eingerichtet.

Erst seit ein paar Monaten waren sie wieder in Deutschland, hatten beide einen Job in Düsseldorf gefunden und sich dort niedergelassen.

Toppe hatte lange gar keinen Kontakt zu seinem Ältesten gehabt, aber vor etwa drei Jahren war dann auf einmal eine Mail von Christian gekommen, und seitdem hatten sie sich oft geschrieben und sich über Dinge ausgetauscht, über die sie nie miteinander geredet hatten: Christians Verletzungen, Toppes Unzulänglichkeiten, die Trennung von Gabi, die neue Beziehung zu Astrid, über Katharina, über Claras Probleme, nach einer verkorksten Jugend ein normales Leben zu führen.

Inzwischen fühlte sich Toppe Christian sehr viel näher als Oliver. Und er hatte ein schlechtes Gewissen dabei.

Astrid drehte sich zu ihm herum und stützte sich auf den Ellbogen. «Okay, spuck's aus. Du kannst doch sowieso nicht schlafen. Geht's um den Fall?»

Er lächelte ins Dunkel. «Nein, daran habe ich keinen Gedanken verschwendet.»

Sie legte ihre Hand auf seinen Bauch. «Christian?»

Er vergrub sein Gesicht an ihrem Hals und ließ seine Hände wandern. «Jetzt nicht mehr ...»

«Sehr gut.» Sie schmiegte sich an ihn und klang so schön atemlos.

FÜNF Es war kurz nach sieben, als Toppe aus dem Schlaf schreckte – er hatte vergessen, den Wecker zu stellen. Wann würden Bernie und Jupp im Präsidium sein? Sie hatten nichts abgesprochen.

Astrid neben ihm schlief tief und fest, auch sonst war im Haus noch alles ruhig.

Leise schob er sich aus dem Bett und schlich ins Bad.

Er war gerade aus der Dusche gestiegen, als er sein Handy im Schlafzimmer klingeln hörte. Hastig wickelte er sich in ein Handtuch und stieß sich dabei den kleinen Zeh am Wannenrand. Stöhnend hüpfte er auf einem Bein zum Nachttisch, wo er sein Telefon abgelegt hatte.

«Freytag hier, guten Morgen.»

Karsten Freytag war der Chef der Männer vom Staatsschutz, die man für die Großdemo nach Kleve abgestellt hatte. Bisher reisten die Leute für die täglichen Vorbereitungskonferenzen aus verschiedenen Orten an, ab Montag würden sie in einem Hotel Quartier beziehen. Das hatte Toppe den Halbsätzen entnommen, die Freytag mit den Kollegen vom Innenministerium gewechselt hatte. Ihn ließ man weitestgehend außen vor, und das war ihm bisher auch ganz recht gewesen.

Karsten Freytag mochte Mitte vierzig sein; ein Mann mit kühlen Augen und auffallend wenig Mimik, in dessen Argumentationen und Problemlösungen, die Toppe sich in den letzten Tagen oft genug hatte anhören müssen, es nur Schwarz oder Weiß zu geben schien. Das Grau dazwischen war er selbst: anthrazitfarbener schmal geschnittener Anzug, dünner grauer Rollkragenpullover, dunkelgraue Lederschuhe, und auch sein akkurat geschnittenes Haar – früher wohl einmal dunkelblond – war mittlerweile graumeliert.

«Ich habe zwei weitere Mitarbeiter zum Schutz von HK Ackermann angefordert», teilte er Toppe mit. «Sie sind vor einer Stunde eingetroffen und haben ihren Dienst angetreten.»

Toppe ließ sich auf den Bettrand fallen. Der wollte Jupp beschützen lassen?

«Es hätte übrigens nicht geschadet, wenn Sie uns sofort über den Mord informiert hätten», fuhr Freytag fort, Eis in der Stimme. «Nein, lassen Sie es mich anders ausdrücken: Ich habe das selbstverständlich erwartet.»

«So, haben Sie?» Toppe schwoll der Kamm. «Warum hätte ich ausgerechnet Sie informieren sollen?»

«Liegt das für Sie nicht auf der Hand?», kam es sehr glatt zurück. «Wir müssen doch wohl zunächst einmal von einer politisch motivierten Tat ausgehen. Schließlich war Evers einer der Organisatoren der Kundgebung.»

Toppe fuhr sich durchs nasse Haar. Der Mann hatte eindeutig einen Vogel.

«Und weil Ackermann der andere Organisator ist, lassen Sie ihn überwachen?», fragte er ungläubig.

43

Er erntete ein missbilligendes Schnauben. «Personenschutz ist die korrekte Vokabel, Toppe. Und nach dem Eklat gestern am Wahlkampfstand der DHM halten wir HK Ackermann für besonders gefährdet.»

«Das war Jupp?», entfuhr es Toppe.

«Ach, das wussten Sie gar nicht ...»

«Nein, das wusste ich nicht», antwortete Toppe ungehalten. «Es ist Ihnen doch klar, dass ich die Ermittlungen im Mordfall Evers leite. Wenn Sie also über Informationen verfügen, die mir nicht vorliegen ...»

«Nein», unterbrach ihn Freytag, «es gibt keine konkreten weiterführenden Informationen.»

«Wieso gehen Sie dann von einem politischen Motiv aus? Die DHM gibt es gerade mal ein paar Monate ...»

Wieder fiel ihm Freytag ins Wort: «Sie kennen diese Leute nicht und die Gruppierungen, die dahinterstehen.»

«Ist das so?» Toppe zügelte nur mit Mühe seine Wut. «Dann sollten Sie mich aber schnellstens ins Bild setzen.»

«Alles zu seiner Zeit», wiegelte Freytag ab. «Wie gesagt, der gewaltsame Tod von Ludger Evers ist alarmierend.»

«Selbstverständlich ist er das, jeder Mord ist alarmierend», fuhr Toppe ihn an. «Ich schlage vor, wir setzen uns heute Nachmittag zusammen. Bis dahin werden wir mit unseren Ermittlungen einen Schritt weiter sein, und Sie haben dann Gelegenheit, uns an Ihren ‹speziellen› Informationen teilhaben zu lassen.» Er ließ Freytag nicht mehr zu Wort kommen. «Um 16 Uhr im Büro der Mordkommission, ich will meine Leute dabeihaben.»

«Wer war das?» Astrid hatte sich aufgesetzt und schaute ihn neugierig an.

«Der Lackaffe vom Staatsschutz. Die haben Jupp unter Personenschutz gestellt.»

Toppe hatte Männer mit Sonnenbrillen vor Augen und schwarze Limousinen. Und er verspürte klammheimliche Freude, denn er konnte sich gut vorstellen, wie Ackermann auf so etwas reagieren würde.

Schnittges und van Gemmern waren schon da.

Sie hatten die Straßenkreuzung auf einer Tafel skizziert und schoben verschiedenfarbige Magnete hin und her. Der rote sollte wohl Evers' Quadbike sein.

«Er hat genau auf der Linie hier gestanden», bemerkte Schnittges gerade und drehte sich um. «Morgen, Helmut.»

Toppe trat näher. «Ja, es sieht so aus, als hätte sich Evers zwischen zwei Fahrzeuge gedrängt.»

«Eins auf der Spur für Linksabbieger und eins auf der Geradeaus- beziehungsweise Rechtsabbiegerspur», bestätigte van Gemmern. «Und der Schuss kam von hier», er schob einen grünen Magneten in Position, «dem ersten Fahrzeug in der Reihe der Linksabbieger.»

«Aber warum hat sich Evers dazwischengedrängt?», fragte Bernie, antwortete aber gleich selbst. «Vielleicht hat er gepennt und nicht gesehen, dass die Ampel auf Rot gesprungen war, und wollte keinem hinten reinrauschen.»

«Und die Ampel muss rot gewesen sein», stellte Toppe fest. «Das Fahrzeug muss gestanden haben, sonst hätte der Schütze Evers nicht so präzise ins Herz getroffen.» Er rieb sich die Nasenwurzel. «Wie auch immer, es muss Zeugen geben. Ges-

45

tern war viel Verkehr, da muss doch irgendjemand den Schuss gehört haben.»

«Oder etwas gesehen», sagte Bernie. «Ich meine, wenn vor mir einer eine Waffe aus dem Fenster hält, das fällt mir doch auf.»

Van Gemmern schüttelte den Kopf. «Das trifft nur zu, wenn vom Beifahrersitz aus geschossen wurde, und das kommt von der Schussentfernung her nicht hin. Ich gehe davon aus, dass der Schütze auf dem Fahrersitz gesessen hat. Er hat das Fenster auf der Beifahrerseite heruntergelassen und aus dem Innenraum heraus den Schuss abgegeben. Dadurch wird das Geräusch gedämpft, und bei den ganzen laufenden Motoren im Kreuzungsbereich ... Ich habe so meine Zweifel, dass der Schuss zu hören war. Und dass jemand, der mit seinem Auto dahinter stand, etwas gesehen hat, bezweifle ich auch, wegen der Kopfstützen. Man sieht allenfalls ein Stück Arm.»

«Aber das Quadbike ist sicher ein paar Leuten aufgefallen. Davon gibt's hier ja nicht so viele», bemerkte Bernie. «Soll ich einen Presseaufruf formulieren?», fragte er Toppe. «Ich denke, der sollte heute noch rausgehen.»

«Ja, mach das.» Toppe nickte. «Und gib den auch gleich an Antenne Niederrhein und den WDR.»

Van Gemmern ließ die restlichen Magneten an die Tafel klacken. «Ich bin dann weg. Sagt Bescheid, wenn ich noch etwas tun kann.»

Und damit war er auch schon verschwunden.

Schnittges setzte sich an seinen PC. «Hast du schon was von Jupp gehört?»

«Nein, aber über ihn.» Toppe kam nicht mehr dazu, seinen

Ärger loszuwerden, denn die Tür flog auf, und Ackermann kam hereingestürzt, knallrot im Gesicht.

«Er sagt, du wüsstes' Bescheid!», ging er auf Toppe los.

Der wich einen Schritt zurück. «Wer?»

«Der Halbgott in Grau! Der Quadratarsch!» Ackermann war auf hundertachtzig. «Personenschutz! Die haben doch einen an der Waffel!»

Bernie schaute hektisch von einem zum anderen.

Toppe versuchte zu erklären: «Der Staatsschutz geht davon aus, dass es sich bei Evers um eine», er näselte, «politisch motivierte Tat handelt.»

«Interessante Idee.» Schnittges schaute ihn nachdenklich an. «Haben sie dir gesagt, wie sie darauf kommen?»

Toppe presste die Lippen zusammen. «Nein, daraus machen sie ein Staatsgeheimnis. Aber ich habe um vier eine Besprechung mit Freytag hier im Büro angesetzt. Vielleicht klärt er uns dann auf.»

Ackermann wusste immer noch nicht, wo er sich lassen sollte. «Die wollen mir echt zwei Bellos an die Hacken binden, dat muss man sich ma' vorstellen!»

Toppe legte ihm die Hand auf die Schulter und drückte ihn sanft auf einen Stuhl. «Jetzt komm mal wieder runter.»

Schnittges betrachtete Ackermann gespannt. «Erzähl», sagte er.

«Okay, okay.» Ackermann versuchte sich zu beruhigen. Er zwinkerte ein paarmal, nahm die Brille ab, rieb sich die Augen und setzte die Brille wieder auf. «Also, wie ich heut Morgen aus 'm Haus komm, ich mein, ich hab dat komische Auto wohl stehen seh'n, hab mir aber nix gedacht dabei, weil ich anderes im Kopp hatte. Jedenfalls musst ich noch nach Hau,

47

un' da hatt ich die schwarze Karre auf einma' andauernd im Rückspiegel, so 'ne fette Limo mit getönte Scheiben.»

Toppe konnte sich das Lachen nicht verkneifen. «Wie im schlechten Film.»

Aber Ackermann lachte nicht mit. «Un' wie die dann auch noch hier bei uns unten auf 'm Parkplatz hinter mir hergekommen sind, da hab ich se mir dann gekauft. Un' wat verklickern mir die zwei Arschgeigen? Se wären mein ‹Personenschutz›! Auf Anweisung von oben!»

Er sprang wieder auf. «Da bin ich aber sofort nach ‹oben› hin, sag ich euch, zu diesem Freytag.» Dann hielt er plötzlich inne. «Weißt du eigentlich, dat der sich jetz' in deinem schönen Büro breitmacht, Helmut?»

Toppe nickte. «Irgendwo muss er ja hin. Und was ist bei eurem Gespräch herausgekommen?»

Ackermann knirschte hörbar mit den Zähnen. «Der feine Herr sagt, ob ich personengeschützt würd oder nich', wär nich' mein Entscheidungsbereich.»

Er rubbelte sich den Hinterkopf, und seine Haare stellten sich knisternd auf.

«Dat muss man sich ma' auf 'er Zunge zergehen lassen: nich' mein Entscheidungsbereich! Wem seiner denn wohl sons'?»

«Jetzt warte doch erst mal ab», versuchte Toppe ihn zu beschwichtigen.

Ackermann sah ihn lange an und nickte dann. «Okay, has' recht. Et gibt Wichtigeres.»

Er zog ein paar engbeschriebene Zettel aus der Hosentasche, setzte sich wieder und lieferte ihnen dann ein so komplexes Bild von Ludger Evers, dass Schnittges nur staunen

konnte. Wie hatte Jupp das alles in den paar Stunden herausgefunden?

Toppe wunderte sich nicht, er wusste, wie unermüdlich
Ackermann war, wenn er sich in etwas verbissen hatte.

Das Mehrfamilienhaus, in dem Evers lebte, bis es abgeris-
sen worden war, hatte seinen Eltern gehört. Gerhard und Maria Evers hatten dort – bereits in der dritten Generation – eine
Bäckerei betrieben. Sie waren erst spät – mit 40 und 41 Jahren
– Eltern geworden und hatten ihre ganze Hoffnung, was das
Familienunternehmen anging, in den einzigen Sohn gesetzt.
Ludger hatte dann 1978 auch tatsächlich eine Bäckerlehre angefangen, sie allerdings nach einem knappen Jahr wieder abgebrochen. Auch sein Versuch, an der Fachoberschule das Abitur
nachzuholen, war gescheitert. Danach hatte er mal hier, mal
da irgendwelche Aushilfsjobs gehabt, sich aber hauptsächlich
in der Klever Künstlerszene herumgetrieben, Skulpturen ge-
schweißt, ein bisschen Freejazz gemacht, alles ohne nennens-
werten Erfolg. Er hatte immer gern und reichlich Marihuana
geraucht, sich auch ab und an ein paar Mark mit Dealen verdient, allerdings nie in einem größeren Rahmen. 1985 war
sein Vater in Rente gegangen, und Evers hatte in den Räumen
der Bäckerei einen Laden für gebrauchte Musikinstrumente
eröffnet.

«Viel Reibach hat er da nich' gemacht», berichtete Ackermann. «Aber er musste ja keine Miete zahlen.»

Als die Eltern gestorben waren und Evers das Haus hinterlassen hatten, hatte er den Laden geschlossen und von den
Mieteinnahmen gelebt. Aber das Gebäude war alt, und Evers
war nicht bereit gewesen, in eine Sanierung zu investieren,
und so waren die Mieter nach und nach ausgezogen.

«Zum Schluss wurd et eng für Ludger, aber dann is' dem die Neugestaltung der Unterstadt quasi innen Schoß gefallen. Dat Grundstück war auf einma' interessant für Investoren, un' einer davon hat dem Ludger dafür 640000 Tacken auf 'n Tisch gelegt.»

Verheiratet war Evers nie gewesen, hatte aber mehrere langjährige Beziehungen gehabt. In den letzten drei Jahren war er mit Almut Keller zusammen gewesen, einer Witwe aus Bedburg-Hau.

«Se hat 'n Häusken im alten Pflegerdorf vonne Landesklinik. Un' da hab ich 'n Kumpel zu wohnen. Zu dem bin ich heut Morgen hin, weil ich dacht, der kann mir wat über die Ally erzählen. Un' konnt er auch.»

Almut Keller war 55 und hatte drei erwachsene Kinder, die alle nicht mehr am Niederrhein wohnten. Ihr Mann war vor acht Jahren an Lungenkrebs gestorben. Seitdem lebte sie von der Witwenrente.

«Se macht auch 'n bissken in Kunst, obwohl gelernt hat se dat wohl nich'. Un' se soll 'ne Pusselsmarie sein.»

«Eine was?» Bernie prustete.

«Na ja, nich' so sauber eben, 'n bissken pusselig.»

Seit Anfang der Woche schon war Almut Keller verreist. Sie besuchte eine Freundin in Frankreich, wurde aber heute zurückerwartet.

«Um ein Uhr am Bahnhof in Bedburg. Dat hab ich von der Nachbarin, die Allys Katzen füttert.»

Ein fröhlicher Mensch, dachte Toppe, als er Almut Keller leichtfüßig aus dem Zug steigen sah. Sie trug eine gewebte Jacke in leuchtendem Orange, pink und hellgrün geringelte

Stulpen über braunen Stiefeletten, ebensolche Pulswärmer und eine Strickmütze im selben Muster mit Bommeln rundherum.

Als sie näher kam, musste er seinen Eindruck revidieren. In den zimtfarbenen Augen war kein Lächeln, und sie hatte einen mürrischen Zug um den Mund.

Er zog seinen Dienstausweis aus der Tasche und trat ihr in den Weg. «Frau Keller? Mein Name ist Toppe. Ich bin von der Kriminalpolizei.»

Er hatte beschlossen, die Frau am Bahnhof in Bedburg abzuholen und sie nach Hause zu begleiten. Wenn Ackermanns Informationen stimmten, hatte sie wohl den engsten Kontakt zu Ludger Evers gehabt.

Sie ließ ihre Reisetasche fallen und schaute ihn überrascht an, überrascht und misstrauisch. «Kripo?»

Schnittges zeigte ebenfalls seinen Ausweis vor und schüttelte ihr die Hand. «Es tut uns sehr leid, Frau Keller …»

Und dann erklärte er ihr, warum sie gekommen waren.

«Ludger erschossen?» Sie riss sich die Bommelmütze vom Kopf.

Toppe nickte. «Können wir Sie nach Hause bringen? Wir würden uns gern mit Ihnen unterhalten.»

«Mit mir?» Sie stopfte die Mütze in ihre Jackentasche und schaute durch ihn hindurch.

«Ja, Sie waren doch seine Freundin, oder?»

«Seine Freundin?» Die schmalgezupften Augenbrauen fuhren in die Höhe. «Das ist ein bisschen viel gesagt. Ludger wohnt seit ein paar Wochen bei mir, aber nur vorübergehend, bis …» Sie brach ab, schaute sich verwirrt um, dann auf ihre Tasche. «Ja gut, kommen Sie mit.»

Ihr Häuschen war hübsch, aber ein wenig vernachlässigt, der lila Lack an der Eingangstür schlug Blasen, und die Fenster waren offensichtlich lange nicht geputzt worden, im Flur roch es muffig.

Sie lächelte entschuldigend, als vier Katzen angestürmt kamen, kaum dass sie die Haustür geschlossen hatte, und ihr maunzend um die Beine strichen.

«Sekunde», sagte sie und zog die Jacke aus.

Schnittges stieg ein ranziger Schweißgeruch in die Nase, und ihm wurde klar, was Ackermann mit «ein bisschen pusselig» gemeint hatte.

«Gehen Sie schon mal durch.» Sie zeigte auf eine Tür. «Ich muss die Bande nur eben füttern.»

Der Raum war vollgestellt mit Möbeln, die alle nicht zueinander passten. Unter dem Fenster stand eine alte Nähmaschine, auf dem Boden rechts und links daneben ein paar Kartons voll mit bunten Stoffresten und Zauberwolle.

«Möchten Sie vielleicht einen Tee?», rief Frau Keller aus der Küche.

Schnittges schaute Toppe an. «Nein, danke», rief er zurück.

Toppe nahm Platz auf einem Möbelstück, das aussah wie eine alte Kirchenbank und genauso unbequem war. Bernie schaute sich unbehaglich um und wählte schließlich einen gepolsterten Schemel.

Almut Keller kam zurück und setzte sich in den Ohrensessel neben der Tür. Sie schloss kurz die Augen, dann begann sie zu reden.

Offenbar legte sie großen Wert darauf, ihnen klarzumachen, dass Evers und sie nur eine «lockere Beziehung» gehabt hätten. Sie habe zwar «hin und wieder das Bett mit ihm geteilt», aber Liebe sei da nicht im Spiel gewesen.

Die ganze Zeit sprach sie, als hätte sie den Text auswendig gelernt, klang dabei seltsam kokett, und Bernie fragte sich, was mit dieser Frau los war.

Sie habe Evers schon «ewig» gekannt, sagte sie, «wie das so ist in der hiesigen Künstlerszene».

Toppe warf einen Blick auf die Nähmaschine. «Sie machen Kunstgewerbe?»

«Unter anderem ...» Sie lächelte kühl.

Und dann fing sie plötzlich an, am ganzen Körper zu zittern. Tränen liefen ihr übers Gesicht. Sie presste sich die Faust vor den Mund und schluchzte so heftig, dass sie kaum Luft bekam.

Toppe stand auf. «Ich hole ein Glas Wasser», flüsterte er Schnittges zu.

Es dauerte lange, bis sie sich wieder so einigermaßen beruhigt hatte, ein Gespräch kam allerdings nicht mehr zustande.

Schnittges versuchte es noch ein paarmal: «Frau Keller, wer hätte Evers töten können? Sie waren doch seine Vertraute. War er anders in letzter Zeit? Hatte er Angst?»

Aber sie schüttelte immer nur den Kopf. «Ich kann nicht über ihn sprechen, nicht jetzt», wiederholte sie immer wieder.

Schließlich entlockte Toppe ihr, dass Evers «oben im alten Kinderzimmer» gewohnt hatte.

Sie blieb in ihrem Sessel sitzen, die Beine angezogen, die Arme um die Knie geschlungen, als die Männer nach oben gingen.

Das Zimmer war spartanisch eingerichtet, Bett, Nachtschrank, Tisch, Stuhl, im Schrank ein paar Kleidungsstücke und abgewetzte Lederstiefel. Obendrauf lag ein Koffer, der mit Karostoff bezogen war und genau wie alles andere, das Evers besaß, schon bessere Tage gesehen hatte.

Schnittges holte ihn herunter, legte ihn aufs Bett und ließ die rostigen Verschlüsse aufspringen. Ein Wust von Papieren quoll ihnen entgegen, Versicherungsunterlagen, Verträge, Kontoauszüge, ein Reisepass, Zeugnisse, Fotografien, nichts davon in irgendeiner Weise geordnet, geschweige denn abgeheftet.

«O Mann», Schnittges stöhnte, «es wird Stunden dauern, bis wir das alles gesichtet haben.»

«Deshalb nehmen wir den Koffer auch mit ins Präsidium», sagte Toppe.

Almut Keller hatte sich nicht von der Stelle gerührt. Sie war weiß wie die Wand.

Toppe ging vor ihr in die Hocke und fasste nach ihrer Hand. «Gibt es jemanden in der Nähe, der sich um Sie kümmern kann?»

Sie antwortete nicht.

«Ruf den Notarzt, Bernie.» Toppe richtete sich wieder auf. «Ich klingele mal bei den Nachbarn. Jupp hat doch erzählt, dass jemand nach den Katzen gesehen hat.»

Die Nachbarin zur Linken war sofort bereit zu helfen; sie würde bleiben, bis der Arzt kam, und dann weitersehen.

Toppe drückte Frau Keller seine Visitenkarte in die Hand. «Bitte rufen Sie uns an, wenn es Ihnen bessergeht. Wir müssen uns dringend unterhalten.»

Sie schaute ihm in die Augen, aber er war sich nicht sicher, dass sie ihn verstanden hatte.

Draußen sah Schnittges auf die Uhr. «Wie lange geben wir ihr? Schließlich kommen wir ohne sie nicht weiter.»

Toppe legte den Koffer auf den Rücksitz. «Bis heute Abend. Jetzt gehen wir erst mal die Papiere hier durch. Und um vier kommt Freytag ...»

Schnittges schaute sich um. «Das ist eine schöne Siedlung. Ob man hier was mieten kann?»

Toppe zuckte die Achseln. «Suchst du denn was Neues?»

«Na ja, wir hampeln immer mit unseren zwei Wohnungen herum», antwortete Bernie. «Am Anfang dachten wir, es wäre gut, wenn jeder so seine Rückzugsmöglichkeiten hat, aber das ist Quatsch. Inzwischen haben wir unsere Sachen wild verteilt, und du kannst sicher sein, wenn du irgendwas dringend brauchst, ist es garantiert in der anderen Wohnung. Außerdem würd's auch billiger.»

«Frag doch mal Jupp», schlug Toppe vor. «Der hat doch gesagt, dass ein Kumpel von ihm hier wohnt.»

SECHS Ackermann hatte in aller Ruhe seinen Bericht geschrieben und dann die Fallakte «Ludger Evers» angelegt.

In seiner eigenen Abteilung war das auch seine Aufgabe, hier in der Mordkommission war eigentlich Peter Cox dafür zuständig, aber der würde ja erst morgen wieder im Dienst sein. Und bevor er hier rumsaß und Däumchen drehte ...

Pit hatte es im Augenblick schon schwer genug. Die ersten Monate der Schwangerschaft hatte Penny liegen müssen, weil die Ärzte Angst gehabt hatten, sie könnte eine Fehlgeburt haben. Aber dann hatten die auf einmal gesagt, jetzt wäre alles im grünen Bereich und sie könnte ruhig ihre Eltern in England besuchen. Und Penny hatte sich echt gewünscht, noch mal nach Hause zu fahren, bevor die Babys kamen. Sie war die Ruhe selbst, bloß Pit flatterten immer noch die Nerven. Wer konnte ihm das verdenken? Es war bestimmt nicht leicht, zum ersten Mal Vater zu werden, wenn man schon auf die fuffzig zuging. Und dann auch noch Zwillinge!

Ackermann hatte gerade den Aktenordner ins Regal gestellt, als Guusje anrief.

Sein sonst so tapferes Eheweib verlor ob der neuesten Idee ihrer hochzeitswütigen Tochter nun doch so langsam die Nerven.

«Sie will jetzt ganz in Schwarz gehen, schwarzes Kleid, schwarzer Schleier und schwarze Stiefel. Stell dir das mal vor!»

«Un' dann lässt se gleich noch 'n Voodoo-Priester einfliegen, oder wat?»

Da hatte Guusje angefangen zu weinen.

«Und die Brautjungfern sollen in Purpur gehen. Das sieht doch aus wie Tingeltangel!»

«Nur über meine Leiche! Sag ihr dat. Un' wenn ich noch ein' Ton davon hör, versohl ich ihr eigenhändig den Arsch!»

Danach hatte er noch eine Weile vor sich hin geköchelt, sich ausgemalt, wie er diesem Weichei von Bräutigam mal so richtig die Meinung geigte, und schließlich doch noch ein bisschen Däumchen gedreht.

Dann hatte er Ulli van Appeldorn angerufen, um sich zu erkundigen, wie es Norbert ging, und ein paar Minuten nett mit ihr geplaudert.

Als Helmut und Bernie dann immer noch nicht wieder zurück waren, gestand er sich endlich ein, dass er sich nicht länger drücken konnte: Er musste sich um die Organisation der Demo kümmern, schließlich hing jetzt alles an ihm.

Ludger hatte die Idee gehabt, vor der Kundgebung an der Stadthalle, wo der Parteitag der DHM stattfand, einen Protestmarsch durch die Innenstadt zu machen.

Konkret hatten sie nichts abgesprochen, aber so, wie Ackermann es sah, bot sich als Startpunkt eigentlich der Marktplatz an der Linde an, zumal sich dort auch das Parteibüro der Klever DHM befand.

Am besten, er machte sich vor Ort ein Bild.

Er schnappte sich seinen Autoschlüssel und lief die Treppe hinunter.

Der Parkplatz war bis auf seinen eigenen Wagen leer.

«Viel los heute?», fragte er den Kollegen im Glaskasten am Eingang.

«Kann man wohl sagen», antwortete der, «die Streifen sind alle im Einsatz.»

«Die Bellos auch?»

Der Mann runzelte verständnislos die Stirn. «Was für Bellos?»

Ackermann lächelte verschmitzt. «Erzähl ich dir ein andermal.»

Er fühlte sich plötzlich – trotz Guusje, die weinen musste, trotz Ludger, der tot war – ein bisschen beschwingt.

Dieser Heini vom Verfassungsschutz hatte anscheinend doch noch kapiert, wer Freund und wer Feind war.

Doch dieses Hochgefühl legte sich schnell.

Schon auf der Gruftstraße klebte ihm der schwarze Schlitten wieder an der Stoßstange, genau auf der Höhe des Gefängniskäfigs mit der grottenhässlichen Lourdes-Madonna.

Irgendein Pope hatte dieses Ding aufstellen lassen, und der Stadtverwaltung war das ganz recht gewesen. So hatte es jedenfalls in der Zeitung gestanden. Von wegen Unistadt und weltläufig! Immer noch das alte kleingeistige Katholenkaff.

Aber wennschon, dennschon, schließlich war er selbst lange genug Messdiener gewesen.

Ackermann bremste leicht, warf der anämischen Dame in Creme und Bleu einen kurzen Blick zu und betete voller Inbrunst: «Heilige Maria, Mutter Gottes, bitte lass den Bellos der Motor platzen oder wenigstens 'n Rad abfallen.»

Aber natürlich passierte nichts. Hatte ja noch nie geklappt.

Er stellte sein Auto vor dem Dreitürmehaus ab.

Es ließ sich nur schwer abschätzen, wie viele Demonstranten kommen würden, Ludger war von mindestens tausend ausgegangen. Er hatte die Kontaktadressen und Telefonnummern von allen möglichen Gruppen gehabt, die sich angesagt hatten.

Ackermann schaute sich um. Die Kreuzung musste auf alle Fälle gesperrt werden, auch die Linden- und Hoffmannallee. Parkmöglichkeiten gab es am «eoc», aber ob die ausreichten? Vielleicht brauchten sie Pendelbusse.

Morgen Nachmittag würde er sich mit den Schupos zusammensetzen und alles besprechen. Um Megaphone musste er sich auch noch kümmern und um Armbinden für die Ordner. Himmel, wo sollte er bloß genügend Ordner herkriegen? Ordner waren Vorschrift.

Diesen ganzen Bereich hatte Ludger übernommen, er selbst hatte sich mit den Behörden und dem Papierkram herumgeschlagen.

Jetzt konnte er nur hoffen und beten, dass Helmut bei dieser Ally das blaue Heft fand, in dem Ludger alles notiert hatte.

Langsam drehte er sich um. Das Parteibüro der DHM befand sich im ersten Stock eines Klinkerbaus aus den Achtzigern. Unterhalb der Fenster hatte man ein hellblaues Plastikbanner gespannt. «Vorrang für die Anständigen» stand dort in weißer Schrift.

Im Erdgeschoss war ein Dönerladen.

Ackermann knurrte der Magen. Helmut und Bernie hatten

bestimmt auch Hunger. Wenn er das Fleisch extra verpacken ließ, konnte er es später in der Mikrowelle der Teeküche wieder heiß machen, und sie hätten Döner – so gut wie frisch.

Er war der einzige Kunde im Laden. Der Chef war langsam und schien keine Lust auf ein Gespräch zu haben.

«Ich geh ma' ebkes eine rauchen», teilte Ackermann ihm mit und wollte nach draußen, machte dann aber einen gewaltigen Satz zurück.

Der Chef hörte auf, seinen Fleischspieß zu rasieren, und starrte mit offenem Mund hinaus.

Ein Wagen der Bundespolizei schoss auf den Bürgersteig, gefolgt von zwei dunklen, gepanzerten Limousinen und einem weiteren Streifenwagen. Aus der ersten Limousine sprangen drei Männer heraus, alle einen Knopf im Ohr, und schauten sich prüfend um, aus dem zweiten Wagen drei weitere große Typen, die sich hauptsächlich auf die umliegenden Dächer zu konzentrieren schienen. Erst dann stieg ein deutlich kleinerer Mann aus dem zweiten Auto, wurde sofort von den Sicherheitsleuten umringt und im Laufschritt zum Treppenaufgang des DHM-Büros eskortiert.

Jetzt stand auch Ackermann der Mund offen.

«Dat war doch der … der Dings … Der war doch früher ma' Wirtschaftsexperte vonne CDU!»

«Weiß nix», sagte der Chef und hielt ihm eine pralle Plastiktasche hin.

Achselzuckend warf Ackermann zwei Geldscheine auf den Tresen – «Stimmt so, Meister» –, nahm die Tüte und ging.

Das Gespräch mit Freytag dauerte nur ein paar Minuten.

Er erklärte ihnen gleich zu Beginn, dass seine persönliche

Meinung zu den politischen Inhalten der DHM irrelevant sei. Seine Aufgabe bestünde darin, die Partei und ihre Anhänger auf mögliche staatszersetzende Tendenzen hin zu überprüfen.

Toppe war irritiert. Warum hielt der Mann ihnen einen so banalen Vortrag?

«Mich interessiert in erster Linie, warum Sie denken, dass der Mord an Evers politisch motiviert war», unterbrach er ihn.

«Der Modus Operandi deutet auf einen Profi hin», antwortete Freytag trocken.

Schnittges musste grinsen. «Politiker, die einen Killer anheuern? Eine aparte Vorstellung.»

Karsten Freytag schob die Ärmel seines schicken Anzugs hoch. «Ich sehe, ich muss ein wenig konkreter werden. Fakt ist, dass die potenziellen Wähler der DHM doch eher dem politisch rechten bürgerlichen Lager zuzuordnen sind, wie ja die Teilnahme des niederländischen Politikers unterstreicht. Und Ihnen dürfte bekannt sein, dass es unter deren Sympathisanten durchaus auch radikale Gruppierungen gibt.»

«Und die heuern dann einen Profikiller an, der dieses kleine Licht Evers aus dem Weg räumt?», fragte Schnittges. «Warum? Um die Gegendemo zu verhindern? Das ist doch, mit Verlaub, absoluter Blödsinn.»

In Freytags grauen Augen blitzte es auf. «Das mit dem kleinen Licht haben Sie gesagt ...»

Schnittges nickte. «Weil das unsere bisherigen Ermittlungen ergeben haben.»

«Ich habe Sie das heute Morgen schon gefragt», schaltete Toppe sich wieder ein, «haben Sie eine oder mehrere Personen im konkreten Verdacht?»

61

«Darauf kann ich Ihnen noch keine Antwort geben, aber ich versichere Ihnen, dass wir intensiv daran arbeiten.»

Ackermann, der sich bisher sehr bemüht zurückgehalten hatte, gab ein giftiges Schnauben von sich. «V-Leute! Ich glaub, mir wird schlecht.» Er drehte sich zu Bernie herum. «Dat funktioniert ja bei de NPD super, wie wir alle wissen.»

Freytag lächelte mokant. «Wie weit sind denn Ihre Ermittlungen gediehen?»

«Wir stehen noch ganz am Anfang», antwortete Toppe. «Eines allerdings ist klar: Politisch hat sich Evers nicht besonders engagiert.»

Er wusste, dass er sich weit aus dem Fenster lehnte, aber er war derselben Meinung wie Bernie: Evers war ein kleines Licht gewesen. Er hatte sich hauptsächlich für sich selbst interessiert, war nicht sonderlich fleißig gewesen, dabei aber, das musste man ihm zugutehalten, nicht anspruchsvoll, eher genügsam.

«Tja», sagte Freytag mit leisem Bedauern, «da liegen uns andere Informationen vor. In den Siebzigern hat Evers an zahlreichen Demonstrationen teilgenommen: Berufsverbot, Nato-Doppelbeschluss, Pershing II ...»

Toppe bekam einen heißen Kopf. «Genau wie ich, Herr Freytag.»

«Un' ich auch», rief Ackermann. «Un' wohl jeder anständige Mensch in unserm Land hier. Euer Scheißverein hat den Ludger un' uns damals alle dabei geknipst un' die ganze Kacke immer noch im Archiv! Oder glaubste im Ernst, dat wüssten wir nich'?»

Freytag betrachtete ihn kühl. «Interessante Wortwahl für einen Beamten ...»

«Lasst ihr mich deshalb überwachen?»

Toppe schickte ihm einen scharfen Blick, und Ackermann klappte den Mund zu.

Freytag erhob sich. «Ich würde es begrüßen, wenn wir uns einmal täglich kurzschließen könnten, Toppe – im Vieraugengespräch.»

«Wir arbeiten im Team, Freytag. So ist das bei uns. Einen schönen Feierabend.»

«Davon kann in den nächsten vierzehn Tagen ja wohl keine Rede sein.»

Toppe schaute dem Mann ein wenig schwermütig hinterher. In dem Punkt musste er ihm recht geben.

«Lasst uns mal eine Viertelstunde Pause machen, bevor wir uns an Evers' Papiere setzen. Ich will kurz zu Hause anrufen.»

«Sehr einverstanden», sagte Bernie. «Ich geh uns eine Kanne Tee kochen.»

Ackermann sah von einem zum anderen. «Ich würd am liebsten jemand wat in die Fresse hauen, aber ich glaub, ich geh besser eine quarzen. Un' danach mach ich uns dat Döner heiß.»

Toppe blieb allein im Büro zurück und wählte seine eigene Festnetznummer.

Gabi hatte es verrückt gemacht, dass sie niemals wusste, wo er gerade steckte, was er gerade tat, wie lange alles dauern würde. Er hatte das damals nicht verstanden. Wenn er sich in einen Fall vergraben hatte, war die restliche Welt, auch seine Familie, ausgeblendet gewesen.

Astrid sah das gelassener – sie war selbst bei der Kripo ge-

63

wesen, hatte jahrelang in seinem Team gearbeitet –, trotzdem freute sie sich über seinen Anruf.

«Sofias Vernissage fängt um acht an», erinnerte sie ihn. «Wir haben reservierte Plätze in der ersten Reihe. Meinst du, du schaffst es rechtzeitig?»

«Ich versuch's. Wenn nicht, warte ich im Hintergrund die Festreden ab, und wir treffen uns dann beim Umtrunk.»

Schnittges kehrte mit einer Kanne Tee und drei Bechern zurück, und Toppe legte auf.

«Dann wollen wir uns mal an die Arbeit machen.» Er öffnete Evers' Koffer und nahm den ganzen Papierwust heraus. «Am besten, wir dritteln den Kram einfach.»

«Dann bin ich also fest im Team?» Ackermann ließ vor Freude beinahe das Tablett mit den dampfenden Dönertaschen fallen. Toppe nickte nur und fing geistesgegenwärtig einen Teller auf.

Das Telefon auf Bernies Schreibtisch klingelte. Hastig leckte er sich die Finger sauber, bevor er abnahm. Es war Marie.

«Leider nur dienstlich, Bär», sagte sie mit einem Lächeln in der Stimme. «Ich warte immer noch auf jemanden, der meinen Toten hier offiziell identifiziert. Habt ihr inzwischen einen Verwandten oder sonst wen aufgetan, der das machen kann?»

«Schon», antwortete Bernie, «die Frau ist nur ... Warte mal.» Er nahm den Hörer vom Ohr. «Das ist die Pathologie wegen der Identifizierung von Evers.»

Ackermann hob ein paar Krautsalatstreifen vom Fußboden auf und wickelte sie in die Papierserviette. «Dat könnt ich doch machen.»

«Gute Idee», fand Toppe. «Ich kann mir nicht vorstellen, dass die Keller dazu schon in der Lage ist, falls überhaupt.»

Ackermann war schon an der Tür. «Ich beeil mich.»

Toppe und Schnittges arbeiteten sich schweigend durch ihre Stapel und teilten dann die Papiere, die auf Ackermanns Platz lagen, auch noch auf.

«Sieht so aus, als ...» Bernie hatte einen Frosch im Hals und musste sich erst einmal räuspern. «Anscheinend hat Evers kein Testament gemacht. Oder hast du eins gefunden?»

«Nein», sagte Toppe. «Aber er war ja auch erst neunundvierzig.» Er rieb sich die Augen. «Hast du denn schon eins gemacht?»

Schnittges schüttelte den Kopf. «Auf die Idee bin ich noch gar nicht gekommen. Aber im Gegensatz zu Evers hab ich ja auch nichts zu vererben.»

Toppe schaute ihn nachdenklich an. «Glaubst du, dass Evers sich über so etwas überhaupt Gedanken gemacht hat?»

«Nein, eigentlich nicht. Der scheint mir mehr so von heute auf morgen gelebt zu haben. Wenn's also kein Testament gibt, wer erbt denn dann?»

«Die nächsten Blutsverwandten», antwortete Toppe. «Beim Amtsgericht gibt es Leute, die nur damit beschäftigt sind, potenzielle Erben aufzuspüren, und zwar weltweit, über Jahre. Wenn sich tatsächlich keine finden lassen, fällt das Vermögen an den Staat. Aber das passiert so gut wie nie, hab ich mir sagen lassen. Irgendwo gibt es wohl immer noch einen Vetter oder eine Cousine zweiten oder dritten Grades.»

«Schöne Vorstellung.» Bernie schmunzelte versonnen. «Vielleicht bin ich ja auch der Schwippneffe von irgendeinem steinreichen Haziendabesitzer in Südamerika und weiß es noch gar nicht.»

Er hatte Evers' Kontoauszüge nach Datum sortiert. «Das hier könnte interessant sein. In den letzten Wochen hat Evers immer mal wieder größere Beträge in bar abgehoben: 7500, 3000, 2600, 6000, 4500. Was hat er mit dem Geld gemacht? Das einzig Neue, das wir bei ihm gefunden haben, waren das Quadbike und der PC.»

«Warte», sagte Toppe. «Ich habe hier auch noch ein paar Auszüge. Das Geld für das Bike hat er überwiesen. Die Rechnung ist auch hier.»

Schnittges nahm Toppe die Auszüge ab und sortierte sie ein. Er runzelte die Stirn.

«Am 4. hat Evers 10000 Euro auf ein Konto von Almut Keller überwiesen, vor elf Tagen.»

Toppes Handy klingelte.

«Ja? Toppe … Ach, Frau Keller, gut, dass Sie sich melden.»

«Wenn man vom Teufel spricht …», murmelte Schnittges und machte Toppe ein Zeichen, das der augenscheinlich nicht deuten konnte.

Als Bernie vom Klo zurückkam, stand Toppe am Fenster und schaute in die Dunkelheit.

«Was ist mit der Keller?»

«Sie kommt morgen früh um neun», antwortete Toppe. «So ganz auf dem Damm war sie noch nicht, aber …» Er drehte sich um. «Irgendwas hat die da drüben aufgeschreckt.»

Schnittges kam nun auch ans Fenster. Im Verwaltungsgebäude gegenüber, in dem sich der Staatsschutz einquartiert hatte, brannten in allen Büros die Lampen. Sie entdeckten Freytag, der das Fenster öffnete, sich weit hinausbeugte und über den Kanal schaute. Dann verschwand er wieder.

Die schwarzen Limousinen wurden gestartet und brausten los. Mehrere Streifenwagen fuhren unter Blaulicht und Sirenengeheul ab.

Die Bürotür knallte gegen die Wand, und Ackermann stürmte herein.

«Unten is' die Sau los!», rief er. «Die Ordnungsbimbos vonne Stadt haben Alarm geschlagen: Auf 'm Hokovit-Parkplatz is' ne Revolte im Gang, mindestens fünfhundert Leute!» Er war ganz außer Atem.

«Eine Revolte», wiederholte Toppe dumpf.

Ackermann bekam kaum Luft. «Der Freytag hat wat von Verstärkung un' Hubschrauber gebrüllt. Soll'n wer ma' gucken gehen?» Er trat von einem Fuß auf den anderen. «Wenn wer unten über de Brücke laufen, sind wer schneller wie die Nanünanas.»

Aber das waren sie nicht.

Als sie zum Parkplatz kamen, hatte man die Leute schon zerstreut und in kleinen Gruppen zusammengetrieben.

Toppe schätzte die Zahl auf hundertfünfzig, höchstens zweihundert.

Junge Menschen, keiner älter als 21, denen der Schreck im Gesicht stand und die mit klammen Fingern ihre Handys verstauten und der Staatsmacht ihre Ausweise hinhielten.

Toppe ging auf ein Mädchen zu, das den Tränen nahe zu sein schien.

«Guten Abend», sagte er leise. «Was ist denn hier los?»

67

Er sah Ackermann und Schnittges auf andere zugehen, die erleichtert aussahen, als sie angesprochen wurden.

Die junge Frau vergrub die Fäuste in den Manteltaschen.

«Ich habe keine Ahnung», flüsterte sie. «Wir sind die neuen Erstsemester und machen ein Stadtspiel, den ganzen Tag schon. Hat der AStA organisiert: ‹Kleve kennenlernen›.»

«Ja, und jetzt wollten wir uns gerade ins Nachtleben stürzen», sagte der Junge neben ihr, ganz offensichtlich froh, dass da jemand war, der ihn nicht anblaffte und seine Papiere sehen wollte. «Und damit wir nicht alle in dieselben Kneipen einfallen, wollten wir uns gerade in Grüppchen aufteilen.»

«Ich versteh das alles nicht», sagte das Mädchen. «Wissen Sie, was das soll?»

Toppe hob bedauernd die Schultern. Ihm fiel beim besten Willen nichts ein, was er darauf hätte antworten sollen.

Ackermann tauchte neben ihm auf. «Dat sind doch genau die Leute, vor denen man unseren Staat schützen muss, oder siehste dat anders, Helmut?» Er hatte seinen Humor verloren.

«Un' guck ma' da vorne.»

Toppe folgte Ackermanns Blick. Neben dem Parkscheinautomaten überprüfte man gerade die Identität einer Gruppe von Leuten, die ausnahmslos afrikanischer, arabischer oder asiatischer Herkunft waren.

«Klappt ja immer noch fix mit de Selektion!»

Jetzt war auch Bernie wieder bei ihnen. «Lasst uns zurück ins Büro gehen», sagte er heiser.

«Bevor ich noch einem auf die Füße kotz.» Ackermann nickte und rempelte im Umdrehen einen Mann an, der einen Knopf im Ohr hatte.

In seiner Aufregung hatte er gar nicht bemerkt, dass seine beiden Aufpasser die ganze Zeit dicht hinter ihm gewesen waren.

Früher, als ihre Eltern noch gelebt hatten und in diesem Zirkel wortführend gewesen waren, war Astrid das ganze Gehabe peinlich gewesen: «Seht her, ich bin Kunstkenner *und* Mäzen!»

Jetzt fand sie die gutsituierten Herren und die ältlichen Mädel in ihren Brokatjäckchen eher amüsant.

Und zu Sofias Ausstellungseröffnung waren sie wirklich alle gekommen, die Mitglieder des Fördervereins, die «Freunde» der Klever Museen.

Die Gattinnen schwirrten auf der Suche nach ihren reservierten Plätzen summend voraus.

Gewisperte Empörung drang ihr ans Ohr:

«Wer ist denn die da neben dem Platz, der für die Künstlerin reserviert ist?»

«Das ist doch die Tochter Steendijk.»

«Und was hat die in der ersten Reihe verloren? Die ist doch nicht mal Mitglied!»

«Hast du unsere Plätze schon gefunden?»

«Reihe neun.»

«Neun? Aber das ist ja noch hinter dem Technischen Beigeordneten. Unglaublich! Wer hat die Sitzordnung gemacht? Da ist das letzte Wort noch nicht gesprochen.»

Astrid schmunzelte vor sich hin und drehte sich kurz um. Viertel vor acht, und von Helmut war noch nichts zu sehen.

Arend Bonhoeffer, der zwei Stühle weiter saß, hatte sich entspannt zurückgelehnt und die Augen geschlossen.

Jetzt kam auch Sofia und setzte sich zwischen sie. Sie trug ein schmales Samtkleid in tiefdunklem Rot und sah mit ihren langen Zöpfen wunderbar exotisch aus.

«Wehe, du schläfst ein!», raunte sie Arend zu.

Der zog verschmitzt die Augenbrauen hoch. «Bin ich jemals eingeschlafen?»

Sofia kicherte. «Bei dir weiß man das nie so genau. Du hast immer diesen konzentrierten Gesichtsausdruck und bist in Wirklichkeit meilenweit weg.»

«Das ist manchmal auch besser so.»

Jetzt kamen die Musiker, ein Streichquartett, und nahmen auf einem Podest an der Seite Platz.

«Hast du die ausgesucht?», fragte Astrid.

«Nein, das habe ich dem Museum überlassen. Die haben in der Regel ein ganz gutes Gespür für die passende Musik.»

Astrid kannte den Ablauf bei Vernissagen im Museum Kurhaus: Zuerst die Rede vom Museumsdirektor, dann sprach der Vorsitzende des Fördervereins, dann der Bürgermeister, dazwischen gab es kurze musikalische Einlagen.

Sie nahm das Programm zur Hand. Das Quartett spielte Alban Berg – ziemlich mutig –, aber ihr war es recht, das würde zumindest nicht langweilig werden.

«Wer ist Simone Krajewski?», fragte sie dann verwundert.

«Die ist im Vorstand des Fördervereins», flüsterte Sofia zurück. «Erstaunlich kompetent übrigens und nett.»

«Aber wieso hält die denn die Rede? Das macht doch sonst immer der Erste Vorsitzende.»

Sofia nickte. «Andreas Holtermann, ja. Aber der ist nicht mehr Vorsitzender.»

«Das hat gar nicht in der Zeitung gestanden.»

«Es ist wohl auch noch nicht offiziell», bestätigte Sofia. «Ich hab da auch nur was munkeln hören.»

Helmut Toppe hatte sich zwischen den Leuten, die noch im Eingangsbereich standen und sich unterhielten, hindurchlaviert und sammelte sich erst einmal.

Er konnte sich noch gut an die Zeit erinnern, als er solche Veranstaltungen zutiefst verabscheut hatte, die Zeiten, als er nur einen einzigen Anzug besaß und sich Krawatten bei seinem damaligen Schwiegervater und bei Norbert leihen musste.

Seit er Chef der Klever Polizei geworden war, hatte sich das natürlich geändert, denn er konnte manchen Terminen einfach nicht aus dem Weg gehen. Aber zumindest spielte er immer noch nicht Golf und war auch kein Mitglied bei den Rotariern.

Er sah Andreas Holtermann, den Vorsitzenden des Freundeskreises, der von einem «Wichtigen» zum nächsten ging und mit jedem ein paar Worte wechselte.

Der Mann hatte in den letzten Jahren wirklich Erstaunliches geleistet. Es war, wie man hörte, hauptsächlich Holtermann gewesen, der die dringend benötigten privaten Sponsoren für den Ausbau des Museums aufgetan hatte.

Toppe nickte ihm grüßend zu und wollte schon zu seinem Platz gehen, als er aus dem Augenwinkel eine schnelle Bewegung wahrnahm.

Ein paar von Freytags Leuten waren aufgetaucht. Er zählte sechs Männer in Schwarz, die sich langsam verteilten, und schaute sich schaudernd um. Was taten die hier?

Dann entdeckte er in einer der letzten Reihen Sebastian Huth, den Chef der Klever DHM. Toppe wusste, dass der Mann über dreißig sein musste, aber mit seinem glatten Gesicht, den hellroten Haaren und den Sommersprossen sah er keinen Tag älter aus als zwanzig.

Er hat einen dünnen Hals, stellte Toppe fest, und wahrscheinlich sieht er mit fünfzig immer noch aus wie ein Junge. Es gab diese alterslosen Menschen, er selbst gehörte nicht dazu.

Und dieser Bubi sollte Broker in London gewesen sein?

Ob der Verfassungsschutz tatsächlich wegen ihm da war?

Die schwarzen Männer hatten ihre Positionen eingenommen.

Es sah ganz danach aus.

SIEBEN Peter Cox war eigentlich hundemüde gewesen nach der anstrengenden Rückfahrt von seinen Schwiegereltern in Pershore – vier Staus allein auf der M 40 – dennoch hatte er keine Ruhe gefunden.

Penny schlief jetzt in den letzten Wochen der Schwangerschaft sehr unruhig, musste oft zur Toilette und hatte ihn trotz aller Bemühungen, leise zu sein, immer wieder geweckt.

Irgendwann hatte er es im Bett einfach nicht mehr ausgehalten und war aufgestanden, um die Zeitung reinzuholen.

Darin hatte er dann den Aufruf der Kripo gefunden – «Zeugen gesucht» – und gar nicht lange überlegt.

Um sieben Uhr hatte er schon an seinem Schreibtisch im Präsidium gesessen und versucht, sich anhand der Akten ein Bild vom «Tötungsdelikt Ludger Evers» zu machen.

Dabei war seine Laune immer schlechter geworden. Welcher Chaot hatte die Fallakte angelegt? Und wieso war Helmut im Team?

Er war gerade dabei aufzulisten, was ihm alles an Informationen fehlte, als Schnittges und Toppe kamen.

«Morgen», grüßte er knapp.

«Peter, hallo!» Schnittges klopfte ihm auf die Schulter. «Du bist aber früh dran!»

«Hat mir aber auch nichts genutzt», knurrte Cox.

Toppe gab ihm die Hand. «Wie meinst du das?»

Cox deutete auf den Aktenwust, der vor ihm lag. «Ich habe den Aufruf in der Zeitung gesehen und mir gedacht, ich verschaffe mir schon mal einen Überblick. Ist aber hoffnungslos bei diesem Chaos hier. Warst du das, Bernie? Hast du die Fallakte angelegt?»

«Nö.» Schnittges grinste. «Das war Jupp.»

«Ackermann? Was, zum Henker, hat der hier verloren? Und überhaupt, habt ihr euch gestern freigenommen, oder was? Ich finde hier nämlich keinen einzigen Bericht.»

«Jetzt komm mal wieder runter, Mensch», sagte Bernie beschwichtigend. «Du hast doch keine Ahnung, was hier los ist.»

Toppe setzte sich Cox gegenüber und betrachtete ihn besorgt. «Was ist mit dir? Gibt es Probleme?»

«Ach, tut mir leid.» Cox schüttelte zerknirscht den Kopf. «Ich hab einfach nur schlecht geschlafen. Könnt ihr mich denn mal ins Bild setzen?»

Das tat Toppe. Er berichtete von Norberts Missgeschick, erklärte, warum er Ackermann ins Team genommen hatte, und erzählte auch von Freytag und seinen Leuten.

«Jupp hat Personenschutz?» Cox riss ungläubig die Augen auf.

Schnittges übernahm es, den Fall Evers zu erläutern.

«So was gibt's doch gar nicht! Hat van Gemmern eine Idee, aus welcher Waffe der Schuss abgefeuert wurde?»

«Vermutlich aus einem .38er Revolver. Er wollte die Kugel so weit rekonstruieren, dass er uns sagen kann, welche Hersteller in Frage kommen», erklärte Schnittges, als endlich auch Ackermann eintrudelte.

«Sorry, dat ich so spät bin, Chef ...» Er entdeckte Cox. «Mensch, Pit, schön, dat de wieder da bis'! Un? Alles fit im Schritt?»

Ackermann hatte sich die halbe Nacht mit der Organisation der Demo um die Ohren geschlagen. In Evers' «blauem Buch» hatte er entdeckt, dass man sich auch über «Twitter» und «Facebook» für die Kundgebung anmelden konnte und dass viel mehr Leute kommen würden, als er sich vorgestellt hatte.

«Dat krieg ich alleine nich' gestemmt. Die kommen busseweise! Aber Gott sei Dank helfen mir jetz' 'n paar Grüne.»

Parkplätze an den Ortseingängen der Stadt mussten eingerichtet und Pendelbusse eingesetzt werden. Ackermann hatte Kontakt zu einigen Bauern aufgenommen, die ihre Wiesen zur Verfügung stellen wollten.

«Gegen Knete, versteht sich. Un' die Busleute nehmen et auch vonne Lebendigen, sag ich euch.» Er schaute auf seine Armbanduhr. «In 'ner Viertelstunde hab ich 'ne Besprechung mit de Schupos, aber danach bin ich wieder voll dabei, Chef.»

Toppe nickte freundlich.

Da entdeckte Ackermann auf der Fensterbank zwei Thermoskannen und eine Plastikdose.

«Dat is' jetz' nich' wahr, oder?»

Cox schaute ihm trotzig ins Gesicht. «Entkoffeinierter Kaffee und heiße Milch mit Honig.»

«Ja, ja, un' Vollkornbrot mit Frischkäse un' Radieschen,

75

wa?» Ackermann schüttelte den Kopf. «Jetz' geht dat wieder los! Ich dacht' echt, du wärs' geheilt.»

Bernie Schnittges schaute fragend von einem zum anderen, Toppe allerdings wusste, was Ackermann meinte. Er erinnerte sich nur allzu gut an Cox' zwanghafte Marotten in den ersten Jahren ihrer Zusammenarbeit: die mitgebrachten gesunden Mahlzeiten, die nur zu bestimmten Zeiten verzehrt werden durften, der kleine Schokoriegel, den er sich einmal am Tag gönnte, die abgezählten Zigaretten. Toppe hatte vergessen, wie viele sich Cox von welcher Marke wann gestattete, es war ein kompliziertes System gewesen.

All diese Macken waren nach und nach verschwunden, seit er mit Penny zusammen war.

Ackermann guckte besorgt. «Is' auch wirklich alles in Ordnung mit Penny un' de Babys?»

«Alles prima.»

«Un' wat soll dann der Mist mit de Tupperware?»

Cox fühlte sich sichtlich unwohl und seufzte erleichtert, als das Telefon klingelte.

«KK 11 Kleve, Kommissar Cox am Apparat ... Ja, da sind Sie richtig ... Großartig! Können Sie kurz im Präsidium reinschauen und Ihre Aussage machen? ... Fein, das passt sehr gut. Bis gleich dann.»

«Ein Zeuge, der das Quadbike an der Kreuzung gesehen hat», erklärte er, als er aufgelegt hatte.

«Es wäre gut, wenn du die Zeugen übernehmen könntest», sagte Toppe und fuhr seinen Computer hoch. «Bernie und ich schreiben unsere Berichte und unterhalten uns dann mit Frau Keller. Die müsste bald hier sein.»

«Mach ich, ist doch klar», antwortete Cox. «Und ich schau

auch bei van Gemmern rein wegen der Tatwaffe.» Er hatte seine gute Laune wiedergefunden.

Sie hatten Almut Keller mit ins Vernehmungszimmer genommen, damit Cox in Ruhe seinen Zeugen befragen konnte.

Die Frau hatte augenscheinlich viele Facetten. Heute redete sie wie ein Buch.

Ihre Stimme ist viel höher als gestern, dachte Toppe, und in ihren Augen lauert es, irgendwas will sie unbedingt loswerden.

Bernie dachte schlicht: «Was für eine Tratschtante!» Er fragte sie, ob sie erklären konnte, was es mit den Barabhebungen von Evers' Konto auf sich hatte.

Ganz genau wusste sie das nicht. «Ich hab mir schließlich nicht seine Kontoauszüge angesehen. Wie käme ich dazu?» Aber nachdem es «in Kleve einmal rum war», dass Evers sein Elternhaus verkauft hatte, waren alle möglichen «bedürftigen Freunde» bei ihm aufgetaucht. «Und denen, die ihm wichtig waren, hat er was gegeben.»

Heute trug Ally Pulswärmer aus violetter Spitze, an denen sie die ganze Zeit herumzupfte.

«So war der Ludger eben. Geld war ihm ziemlich egal.»

Die 10 000 Euro, die auf ihrem Konto gelandet waren, hatte sie für ein neues Dach gebraucht.

«Mein Häuslein kommt so langsam in die Jahre. Da hab ich auch gar kein schlechtes Gewissen, schließlich hat Ludger kostenlos bei mir gewohnt.»

Und dann rückte sie endlich mit der Geschichte heraus, auf die Toppe die ganze Zeit gewartet hatte, und ihre Lippen wurden ganz schmal dabei.

«Letzte Woche taucht da auf einmal diese Frau bei uns auf!

Von der hatte ich noch nie gehört. Lisa van Heukelum. Und sie hatte ihr Kind dabei, einen Jungen, Desmond. Der wäre neun Jahre alt und Ludgers Sohn.»

Sie machte eine gewichtige Pause, und Bernie tat ihr den Gefallen: «Ach was?»

«Ja!» Ally hatte rote Backen. «Und als der Ludger nur gelacht hat und gemeint, das wäre doch totaler Quatsch, hat die nur überheblich geguckt und gesagt, das ließe sich heute ja ganz leicht feststellen.»

«Nun mal langsam», schaltete Toppe sich ein, und nach einigem Hin und Her stellte sich heraus, dass Evers vor ungefähr zehn Jahren tatsächlich einmal ein Verhältnis mit Lisa van Heukelum gehabt hatte. Von einer Schwangerschaft hatte er allerdings nichts gewusst. Er hatte sich schnell wieder von der Frau getrennt, als er herausfand, dass sie Drogenprobleme hatte.

«Heroin, damit hatte der Ludger nie was am Hut, ganz im Gegenteil! Auf jeden Fall sagte sie, sie hätte schon einen Anwalt eingeschaltet, und der würde einen Vaterschaftstest beantragen. Desmond», sie kräuselte verächtlich die Lippen, «Desmond wäre Ludgers rechtmäßiger Erbe und hätte Anspruch auf sein Vermögen!»

«Haben Sie die Adresse dieser Frau?»

«Ich weiß nur, dass sie in Kalkar wohnt.»

Schnittges hatte sich an den Computer gesetzt und sich ins Melderegister und in ihre eigenen Dateien eingeloggt.

Nach zehn Minuten konnte er sich ein erstes Bild von Lisa van Heukelum machen.

Geboren 1985 in Kleve, wo ihre Eltern heute noch wohnten, zwei ältere Brüder. Bei der Geburt ihres Sohnes war sie siebzehn Jahre alt gewesen. Desmond war in einem Mutter-Kind-Heim in Duisburg zur Welt gekommen. Es war also möglich, dass die Eltern zumindest zeitweise den Kontakt zu ihrer Tochter abgebrochen hatten. Mit vierzehn schon war das Mädchen wegen Drogenbesitzes aktenkundig geworden, hatte zwei Vorstrafen aus den Jahren 2000 und 2002, als sie noch minderjährig gewesen war. Heute wohnte sie in der Monre-straße in Kalkar und arbeitete, nach den Angaben im Melde-register, als Verkäuferin.

Toppe telefonierte währenddessen mit Marie Beauchamps.

Wenn Desmond van Heukelum tatsächlich Ludger Evers' leiblicher Sohn war, hatte er Anspruch auf das Vermögen, das war keine Frage. Ein Vaterschaftstest musste auf alle Fälle gemacht werden.

Ackermann staunte nicht schlecht, als er in den Bespre-chungsraum kam.

Er entdeckte zwei uniformierte Kollegen von der Wache, ansonsten sah er nur Leute vom Verfassungsschutz.

Die Tische waren in U-Form aufgestellt, an der Stirnseite thronte Karsten Freytag und fummelte an einem Beamer her-um.

«Da sind Sie ja!» Er winkte Ackermann herein. «Dann können wir jetzt mit der PowerPoint-Präsentation beginnen.»

«Wie PowerPoint?» Ackermann blinzelte verunsichert.

«Ich möchte uns alle auf denselben Informationsstand bringen.» Freytag klang ungeduldig. «Also, setzen Sie sich, bitte.»

Aber Ackermann setzte sich nicht. «Ich bin ei'ntlich hier

mit meine Kollegen verabredet. Mit denen wollt ich besprechen, wat ich bis jetz' organisiert hab.»

«Sie, Herr Ackermann, organisieren hier gar nichts», beschied Freytag. «Das Sicherheitskonzept haben wir längst erstellt.»

Er schaltete den Beamer ein, auf der Leinwand erschien ein Stadtplan von Kleve.

«Der DHM-Parteitag beginnt um vierzehn Uhr in der Stadthalle», erklärte Freytag. «Ad eins: Wir werden eine Bannmeile um das Gelände einrichten mit Schleusen an den Punkten A, B und C. Von dort aus werden die geladenen Gäste des Parteitages, die bereits mit den entsprechenden Ausweisen ausgestattet wurden, zu den beiden Parkplätzen der Halle gelangen. Soweit bekannt, soll die Demonstration mit einer Kundgebung auf dem Marktplatz an der Linde beginnen, im Anschluss ist ein Marsch durch die Innenstadt geplant.» Er hielt kurz inne. «Bitte, korrigieren Sie mich, Herr Ackermann.»

Aber Ackermann winkte ab, und Freytag fuhr fort: «Ad zwei: Das Stadtgebiet wird weiträumig abgeriegelt. Wir werden Komplettsperrungen an allen Zufahrtsstraßen errichten, und zwar an den rotmarkierten Stellen, die Sie auf der Karte sehen. Dort werden alle Demonstranten auf Waffen und waffenähnliche Gegenstände durchsucht.»

«Waffenähnlich», murmelte Ackermann. Er hatte einen ganz trockenen Mund.

Karsten Freytag beachtete ihn nicht.

«Entsprechende Gegenstände werden beschlagnahmt, Demonstranten, die Waffen mit sich führen, werden umgehend in Haft genommen.

Ad drei: Anfahrt mit dem öffentlichen Schienennahverkehr. Das Bahnhofsgelände wird ebenfalls abgeriegelt. An den beiden Schleusen – hier blau markiert – werden die Reisenden auf Waffenbesitz überprüft. Zusätzlich wird jeder Zug schon ab dem Vortag von mehreren Sicherheitsbeamten begleitet, um mögliche Gefahrenmomente schon im Vorfeld zu erkennen und entsprechende Maßnahmen einleiten zu können.»

Ackermann sprang auf. «Dat is' ja noch schlimmer wie damals bei de Demos gegen den Brüter in Kalkar!» Er war außer sich. «Wat soll dat bringen? Sicherheit? Die Leute kriegen doch bloß Angst!»

«Jetzt reicht's mir aber, Ackermann», fuhr Freytag ihn an, lächelte dann aber kalt.

«Zu Ihrer Information: Wir wissen aus sicherer Quelle, dass eine Gruppe von Salafisten kommen wird.»

«Un' die wollt er nich' durchlassen, oder wat?» Ackermann lachte böse auf. «Dat könnt sogar für euch schwer werden. Selbst Salafisten haben demokratische Grundrechte, un' dazu gehört nu' ma' auch dat Demonstrieren.»

Freytag wurde blass, aber er verkniff sich eine Replik. «Es dürfte Ihnen nicht entgangen sein, dass die Salafisten eine hohe Gewaltbereitschaft zeigen und auch vor Selbstmordattentaten nicht zurückschrecken.»

Ackermann wurde es ein bisschen mulmig, er war wahrhaftig kein Salafistenfreund.

«So 'n Bombengürtel fällt doch bestimmt auf, an all die tollen Schleusen, mein ich.»

Freytag ignorierte ihn. «Ad vier: Wir halten es für denkbar, dass die Salafisten Waffen und Sprengstoff bereits im Vorfeld im Stadtgebiet deponieren. Aus diesem Grund werden wir am

Vortag der Demonstration die Moschee und alle Wohnungen muslimischer Mitbürger gründlich durchsuchen.»

«Zu meine Zeit hat man die WGs hopsgenommen, von wegen RAF.» Ackermann war ganz leise. «Un' wie dat vierzig Jahre davor war, da sag ich ma' besser nix zu.»

In seinen Ohren begann es zu summen. Er musste sofort hier raus!

«Gehe ich recht in der Annahme, dass Sie mich nicht brauchen, Herr Freytag?»

«Sie gehen, aber richten Sie Ihrem Chef bitte aus, dass ich ihn heute noch sprechen möchte.»

«Dat sagen Se dem ma' schön selber.»

Schnittges hatte van Heukelums Telefonnummer herausgefunden und wählte.

«Da meldet sich keiner», sagte er, nachdem er es eine Weile hatte klingeln lassen.

Toppe schaute auf die Uhr. «Na ja, um diese Zeit wird das Kind in der Schule sein und sie bei der Arbeit. Wir versuchen es später noch einmal.»

«Das ist die eine Möglichkeit», meinte Bernie. «Wenn sie allerdings was mit dem Mord an Evers zu tun hat, ist sie vielleicht untergetaucht.»

Toppe runzelte die Stirn. «Warum sollte sie Evers umbringen?»

Bernie grinste. «Geht schneller als ein Vaterschaftsprozess.»

Draußen auf dem Flur wurde es laut. Es hörte sich an, als hätte Ackermann sich mit seinen «Beschützern» angelegt.

Toppe stand auf und öffnete die Tür, Ackermann kam ihm

schon entgegen. Seine Brille war beschlagen, und er hatte rote Flecken im Gesicht.

«Hat jemand 'n Schnaps für mich?»

«Das darf doch alles nicht wahr sein!», regte Schnittges sich auf, als Ackermann seinen Bericht beendet hatte. «Ist es denn nicht schon schlimm genug, dass eine Partei wie die DHM einen derartigen Zulauf hat? Wann ist das eigentlich losgegangen? Seit wann darf man hier wieder ganz ungestraft rechtes Gedankengut verbreiten? War das dieses Buch ‹Deutschland schafft sich ab› oder so ähnlich?»

«Jau», bestätigte Ackermann. «Da ging et um ‹Überfremdung› – dat Wort alleine schon! Hatten wer alles scho' ma', nur hieß et damals ‹Durchjudung›. Zum Kotzen!»

Schnittges nickte. «Und der Autor ist ein SPD-Mann, das muss man sich mal vorstellen!»

«Diese Töne gibt es schon länger.» Toppe schaute vor sich hin. «Ein Bundesminister hat mal eine Broschüre mit dem wunderbaren Titel ‹Vorrang für die Anständigen – gegen Missbrauch, Abzocke und Selbstbedienung im Sozialstaat› herausgegeben. Das war auch ein SPD-Mann.»

«Ja, ich erinnere mich», sagte Schnittges nachdenklich. «Ich glaube, das Ding kam raus, als Hartz IV eingeführt wurde.»

«Eben», meinte Toppe düster. «Damit die Hartz-IV-Empfänger gleich mal wussten, wo es für sie langging. Und es heißt ‹Empfänger›! Das sind Leute, die von den Bessergestellten etwas bekommen, ohne etwas dafür zu leisten. Kein Mensch kann mir erzählen, dass so etwas nicht wohlüberlegt und gut gesteuert ist.»

«Hier steckt ihr also alle!» Cox stand in der Tür. «Kommt

83

rüber ins Büro, van Gemmern will uns was über die Tatwaffe erzählen»

Toppe nahm Ackermann beiseite. «Ich werde das Gefühl nicht los, dass Freytag dich auf die Probe stellen will. Also, sei bloß vorsichtig, Jupp.»

«Du meins', der denkt, dat ich dem seine perversen Pläne anne Demonstranten weitergeb?» Ackermann schnaubte. «Dat hätt er wohl gerne. Weißte, ich quatsch ja viel, wenn der Tag lang is', aber wat 'n Dienstgeheimnis is', hab ich noch nie vergessen.»

Toppe drückte ihm die Schulter. «Gut, aber denk auch daran, dass deine Personenschützer ganz große Ohren haben.»

Van Gemmern war überhaupt nicht zufrieden, das sah man ihm an.

«Es ist leider absolut unmöglich, die Patrone zu rekonstruieren, deshalb kann man auch nicht feststellen, welche Spuren der Lauf der Tatwaffe auf dem Projektil hinterlassen hat. Aber zumindest weiß ich jetzt, um welche Munition es sich handelt. Die Patrone ist eine .38 special Wadcutter, ein weicher Bleizylinder, der vorn flach ist. Diese Munition wird gern von Sportschützen zum Scheibenschießen verwendet. Als Tatwaffe kommen alle .38er Revolver in Frage.»

Toppe wusste, warum van Gemmern sich so resigniert anhörte. Eine gängige Handfeuerwaffe, nicht nur bei Sportschützen, sondern auch bei Jägern beliebt.

«Da macht es wohl wenig Sinn, die Waffenbesitzkarten zu überprüfen.» Auch Cox wusste Bescheid. «Wie viele Jäger gibt es im Kreis? Fünfhundert, tausend?»

«Eher mehr», antwortete Schnittges. «Und dann kommen ja auch noch die Sportschützen hinzu.»

«Es würde Monate dauern, alle legalen Waffen zu überprüfen», sagte van Gemmern, «zumal diese Munition auch in Waffen vom Kaliber .357 Magnum passt. Sportschützen trainieren damit besonders gern, weil die Munition billiger ist und der Knall beim Abschuss wesentlich leiser.»

«Na toll», knurrte Cox. «Aber im Grunde auch egal, denn es ist doch wohl höchst unwahrscheinlich, dass unser Täter eine registrierte Waffe benutzt hat.»

«Stimmt», nickte Bernie. «Die hat er sich wohl eher am Düsseldorfer Bahnhof besorgt, wahrscheinlich ein Modell aus dem Ostblock.»

«Wie auch immer, über die Waffe kriegt ihr den Täter nicht.» Van Gemmern ging zur Tür. «Selbst wenn ihr den Revolver finden solltet, ich könnte euch nicht sagen, ob die Kugel damit abgefeuert wurde.»

ACHT Lisa van Heukelum war eine unscheinbare junge Frau – mittelgroß, durchschnittliche Figur, aschblonder Pferdeschwanz, Jeans und Sweatshirt –, nur die harten Augen und die ungesunde Gesichtsfarbe erinnerten an ihre Drogenkarriere.

Ludger Evers' Tod überraschte sie, das merkten Toppe und Schnittges, zu berühren schien er sie kaum.

«Ich weiß zwar nicht, was ich damit zu tun haben soll, aber kommen Sie rein.»

Sie folgten ihr durch einen Flur, den sie offenbar gerade erst gewischt hatte, die hellen Fliesen waren noch feucht, und es roch nach Putzwasser.

Die Tür zu einem kleinen Kinderzimmer stand offen. Ein blonder Junge saß auf dem Teppich an einer Spielekonsole.

Van Heukelum klopfte kurz gegen den Türrahmen.

«Noch zehn Minuten, Des! Ich verlasse mich drauf.»

Das Kind nickte, ohne den Blick vom Bildschirm zu nehmen.

Auch das Wohnzimmer war klein und für jemanden Mitte zwanzig erstaunlich bieder eingerichtet: Fliesenboden, eine stramm gepolsterte Eckcouch mit Sessel, hellblau mit einem Streumuster aus rosafarbenen Dreiecken, eine Schrankkombination und eine Kommode aus Kiefernholz. Der Couchtisch war dekoriert mit einem bauschigen Band aus glänzendem rosa Stoff und blauen Keramiksternen in verschiedenen Größen.

Der Duft von künstlichem Lufterfrischer hing im Raum.

Van Heukelum setzte sich in den Sessel und wartete, bis Schnittges und Toppe sich auf dem Sofa niedergelassen hatten. «Also?»

Schnittges fackelte nicht lange. «Sie behaupten, Ludger Evers sei der Vater Ihres Sohnes.»

«Woher wissen Sie das?»

«Das tut nichts zur Sache.»

Sie schloss die Augen und stieß die Luft aus. «Okay, den Ton kenne ich. Also zum Mitschreiben: Ja, ich hab mal gefixt, aber da war ich noch ein halbes Kind. Ich bin seit fast zehn Jahren clean. Ich habe einen festen Job, von dem ich diese Wohnung bezahlen und mein Kind und mich ernähren kann. Wenn Sie das nicht glauben, fragen Sie beim Jugendamt nach.»

«Selbstverständlich glauben wir Ihnen», sagte Toppe beschwichtigend. «Wir würden allerdings gern wissen, warum Sie Evers erst jetzt, nach neun Jahren, mit seiner Vaterschaft konfrontieren.»

«Weil bei dem vorher nichts zu holen war.» Sie verschränkte die Hände. «Mein Gott, damals im Heim, als ich Des gekriegt habe ... ich hatte einfach Angst, wenn ich sage, wer der Vater ist, dann kann der mir mein Kind wegnehmen.»

Sie drückte den Rücken durch, und ihr Blick wurde wieder

87

hart, als sie Toppe in die Augen sah. «Und jetzt ist bei dem auf einmal was zu holen. Ich muss an Desmonds Zukunft denken. Ich lebe ja schließlich nicht ewig, meine Leber ist ziemlich kaputt.»

«Haben Sie keine Familie?», fragte Schnittges.

«Familie?» Ihr Körper erschlaffte für einen Moment. «Jeder Mensch hat eine Familie, oder?»

Sie war ein Nachkömmling, wie sich herausstellte, ihre Brüder waren zehn und zwölf Jahre älter als sie. Die Eltern, beide Lehrer, hatten mit der Drogensucht ihrer Tochter nicht umgehen können und den Kontakt zu ihr abgebrochen, als sie fünfzehn war.

«Heute treffen wir uns an Feiertagen, weil sich das so gehört.»

«Aber wollen Ihre Eltern denn ihren Enkelsohn nicht sehen?», fragte Toppe.

Van Heukelum machte eine wegwerfende Handbewegung. «Da gibt es vielversprechendere Enkel, ‹Jugend musiziert› und so was. Desmond ist ...» Sie schaute auf die Uhr, drehte sich zur Tür und rief: «Des, du weißt doch ...»

«Ich hab schon ausgemacht, Mami», kam es aus dem Kinderzimmer zurück, und es klang fröhlich.

Sie nickte in seine Richtung. «Desmond ist einfach nur ein normales Kind, sonst nichts.»

Dann guckte sie hastig von einem zum anderen. «Wenn Ludger tot ist, wie mache ich das dann jetzt mit dem Vaterschaftstest?»

«Wir haben uns schon darum gekümmert, dass bei Evers eine DNA-Probe genommen wird», antwortete Toppe. «Sie müssten jetzt von sich und von dem Kleinen Blutproben nehmen lassen. Am einfachsten wäre es, wenn das unsere Pathologin in Emmerich macht. Die kann dann sofort alle drei Proben abgleichen. Ich gebe Ihnen ihre Nummer, dann können Sie einen Termin mit ihr absprechen.»

Schnittges räusperte sich. «Wo waren Sie am Samstag um elf Uhr, Frau van Heukelum?»

«Da habe ich im Laden gestanden», fauchte sie, «wie jeden gottverdammten Samstag! Und Des war bei der Tagesmutter, die ich mir eigentlich gar nicht leisten kann, okay?»

«Was ist das für ein Laden?» Schnittges blieb ruhig. «Wo arbeiten Sie?»

«In der Fleischerei vorn am Markt. Und das schon seit sechs Jahren.»

«Lass uns ihr Alibi sofort überprüfen. Die Metzgerei ist da vorn.»

Bernie ließ den Wagen auf den Marktplatz rollen und stellte den Motor ab. «Kommst du?»

Toppe schüttelte den Kopf. «Mach du das doch, ja?»

Auch auf der Rückfahrt brütete er vor sich hin.

Bis jetzt sah er weit und breit keinen Menschen, der Evers nach dem Leben hätte trachten können. Irgendwo musste es ein dunkles Geheimnis geben, das sie noch nicht entdeckt hatten. Aber was konnte das sein, und wo sollten sie graben?

Und dann die Tat: am helllichten Tag auf offener Straße mit zahllosen potenziellen Zeugen. Wer ging ein solches Risiko ein? Einer, dem es egal war, wenn er geschnappt wurde? Jemand, der nicht bei klarem Verstand war? Blind vor Wut?

Hass mochte ein Motiv sein ... Aber es passte einfach nicht

zu dem Evers, den sie bis jetzt kannten, einen solchen Hass auf sich zu ziehen.

«Was ist los?»

Toppe schreckte auf und schaute Schnittges fragend an.

«Du hast gestöhnt», erklärte Bernie.

«Ach, ich war nur in Gedanken.»

Um sieben Uhr hatte Peter Cox die Aussagen der Zeugen, die sich den Tag über gemeldet hatten, abgeglichen und stellte sich mit einer Handvoll Magneten an die Tafel, auf der sie die Straßenkreuzung aufgezeichnet hatten.

«Auf der Geradeausspur haben wir ganz vorn einen schwarzen VW Touareg.» Er befestigte einen schwarzen Magneten. «Der fuhr auf die rote Ampel zu, als sein Handy klingelte. Er ging ran und achtete nicht weiter auf seine Umgebung. Aus dem Augenwinkel hat er noch wahrgenommen, dass neben ihm ein Motorrad auftauchte, aber da sprang die Ampel gerade auf Grün, und er hat Gas gegeben.

Dann haben wir einen blauen Opel, der berichtet, wer auf der Nassauer Allee noch vor dem Kreuzungsbereich vor ihm herfuhr: ein schwarzer Touareg, dahinter ein schwarzer Audi, dann ein rotes Quadbike. Hinter sich hatte er einen roten Kleinwagen und dahinter einen weißen VW-Bus.»

Cox ließ die entsprechenden Magneten in der Reihenfolge an die Tafel klacken: schwarz, schwarz, rot, blau, rot, weiß.

«Der Opel sagt, der Touareg sei auf der Geradeausspur geblieben. Der Audi aber sei ziemlich abrupt auf die Linksabbiegerspur geschwenkt, und als die Ampel auf Grün sprang, ohne auf den Gegenverkehr aus Richtung Goch zu achten, auf die Zufahrt zum Ring abgebogen. Das sei möglich gewesen, weil ganz vorn an der Ampel aus der Gegenrichtung ein Traktorgespann gestanden hätte, das erst in die Gänge kommen musste. Der blaue Opel, der auch links ab wollte, hatte nicht so viel Glück, er musste den Traktor und die dahinter fahrenden Autos durchlassen. Soweit sich der Opel erinnert, ist das Quadbike auf der Geradeausspur geblieben. Sowohl der Touareg als auch der Audi hätten Klever Kennzeichen gehabt.

Der rote Kleinwagen war ein Peugeot, weiblich übrigens. Sie beschreibt die Reihenfolge der vor ihr fahrenden Fahrzeuge folgendermaßen: schwarzer Geländewagen, rotes Quadbike, schwarzer Mercedes, blauer Opel. Der Geländewagen sei auf der Geradeausspur geblieben, Mercedes und Opel aber hätten sich links eingeordnet, das Quadbike hatte sich wohl nicht entscheiden können. Alle Fahrzeuge hätten Klever Kennzeichen gehabt.

Der weiße VW-Bus sagt, vor ihm wären ein schwarzer Touareg, ein schwarzer Audi, ein blauer Opel und ein roter Peugeot gewesen. Das Quadbike hatte er nicht auf dem Schirm.»

Cox strich sich durchs Haar. «Das scheinen mir die zuverlässigsten Zeugen zu sein. Allerdings war da auch noch der grüne BMW, der hinter dem VW-Bus fuhr. Der sagt, das Quadbike sei hinter ihm auf der Linksabbiegerspur gewesen, dann rechts an ihm vorbei bis ganz nach vorn an die Ampel gefahren und hätte dort wild gestikuliert.»

Er warf einen Blick auf seine Zettel. «Na ja, und dann das Übliche eben: Der Touareg wird einmal zum grünen Jeep oder auch zum blauen Porsche Cayenne, der Audi einmal zum silbernen Rover, ein anderes Mal zum grauen Chevrolet und das Schrillste, das Quadbike zum roten Tandem. Lauter eifrige Mitbürger, die helfen wollen, ihr kennt das ja.»

«Der Täter saß also in dem schwarzen Audi, respektive Mercedes mit Klever Kennzeichen», stellte Schnittges fest.

«Sieht ganz so aus», sagte Toppe langsam. «Aber wir können nicht mit Sicherheit sagen, ob Evers vor oder hinter ihm war.»

«Der muss vor dem gewesen sein», meldete sich Ackermann zu Wort. «Sons' hätt doch Evers den Mörder verfolgt. Dat is' doch Quatsch!»

«Weiß man's?» Cox zuckte die Achseln. «Vielleicht haben die sich ein Rennen geliefert. Ich meine, wie wahrscheinlich ist es, dass der Täter lustig durch die Gegend fährt, plötzlich den verhassten Evers entdeckt, seine Knarre zückt und den Kerl abknallt?»

«Vielleicht war es ja genau andersherum», überlegte Schnittges. «Wenn man bedenkt, dass das Quadbike auf der durchgezogenen Linie zwischen den beiden Spuren stand. Vielleicht hat ja Evers den verhassten Audifahrer entdeckt und ist neben den gefahren, um ihm die Hölle heißzumachen. Der grüne BMW hat doch was von wildem Gestikulieren gesagt.»

«Schwarzer Audi oder schwarzer Mercedes», grummelte Ackermann. «Dat hilft uns au' nich' weiter. Davon gibt et Hunderte im Kreis.»

Cox beobachtete Toppe, der auf einem Zettel herumkritzelte. «Was geht dir im Kopf herum?»

«Ich weiß nicht, alles Mögliche.» Toppe legte den Stift beiseite. «Man kann wohl davon ausgehen, dass der Täter Evers töten wollte, sonst hätte er die Waffe nicht dabeigehabt. Aber dass er den Schuss dort auf der Kreuzung abgegeben hat, könnte ein spontaner Entschluss gewesen sein. Evers taucht plötzlich rechts neben ihm auf, und er hat bemerkt, dass der

Traktor die Gegenspur aufhalten würde und er zügig nach links verschwinden konnte. Deshalb ist er auch so abrupt auf die linke Spur gewechselt.»

«Viel Zeit, sich zu entscheiden, hat er dann aber nicht gehabt», wandte Cox ein. «Wir sollten mal stoppen, wie lang die Rotphase dort ist.»

Sie saßen noch über eine Stunde zusammen und entwarfen verschiedene Szenarien, die alle ihre Lücken hatten und neue Fragen aufwarfen, bis sie schließlich reichlich frustriert Feierabend machten.

Toppe ging zusammen mit Ackermann hinunter.

«Wir machen irgendwo einen entscheidenden Denkfehler», sagte er.

«Dat Gefühl hab ich auch.» Ackermann steuerte die Kellertreppe an.

«Wo willst du denn hin?»

«Ich schleich mich hinten bei de Zellen raus. Diesma' schlag ich den Bellos 'n Schnippchen. Guusje wartet mit 'm Auto am Zaun, wir gehen zum Chinamann. Ma' gucken, wie lang die brauchen, bis se mich wieder eingefangen haben. Die sind ganz schön fix, die Jungs.»

Ackermann versuchte die ganze Zeit, seine Beschützer mit allen möglichen Tricks abzuhängen. Und Toppe hat sich darüber amüsiert. Aber auf einmal war ihm nicht mehr wohl dabei.

Sie hatten immer noch kein Motiv für den Mord an Evers gefunden. Was war denn, wenn dieser Freytag doch kein Spinner war? Wenn tatsächlich ein politischer Wirrkopf Evers als gefährlichen Feind gesehen hatte, den man eliminieren musste? Vom Tatablauf her konnte das durchaus passen.

«Ich glaube nicht, dass das so eine gute Idee ist, Jupp. Sei lieber vorsichtig.»

Ackermann wusste sofort, was Toppe durch den Kopf ging, und zog missbilligend die Brauen zusammen. «Wenn du jetz' au' noch hysterisch wirs', häng ich mich weg.»

Astrid stand mit Sofia in der Halle, und Toppe konnte sehen, dass sie sich über irgendetwas furchtbar aufgeregt hatte.

«Was ist passiert?»

Sofia reichte ihm wortlos den Lokalteil der «Niederrhein Post» und zeigte auf einen Artikel mit der Überschrift: «BUND schlägt Alarm: Methangas an der Baustelle Hamstraße.»

«Ist das eure Ökosiedlung?»

Astrid nickte nur.

Toppe las. Offenbar war allgemein bekannt, dass sich an der Hamstraße früher eine Mülldeponie befunden hatte, weshalb man Huth auch auferlegt hatte, dort Probebohrungen vornehmen zu lassen. Die Ergebnisse waren in Ordnung gewesen, und so hatte die Stadt schließlich die Baugenehmigung erteilt. Jetzt hatte ein Umweltaktivist vom BUND auf eigene Faust neue Probebohrungen durchgeführt und war in siebzig Zentimetern Tiefe auf Methangas gestoßen. «Das konnte gar nicht anders sein», wurde er zitiert. «Hier haben alle Klever Fabriken damals ihren Industriemüll entsorgt, giftige Chemikalien, allen möglichen Dreck; ganze Autos haben die Leute hier abgekippt.» Er behauptete, der Bauunternehmer, der die Ökosiedlung hochzog, habe einfach nicht tief genug gebohrt. «Ganze vierzig Zentimeter. Es ist ein Skandal, dass der überhaupt eine Baugenehmigung bekommen hat!»

Toppe schüttelte den Kopf. «Ist da was dran? Habt ihr mit Huth gesprochen?»

«O ja», antwortete Astrid zornig. «Der hat natürlich alles heruntergespielt. Dieser BUND-Mann sei ein stadtbekannter Querulant, den niemand ernst nimmt. Und selbstverständlich sei alles in Ordnung mit der Baugenehmigung, das Projekt würde wie geplant weitergeführt.»

«Wir haben uns dann mal die Baupläne angeschaut, die man uns gegeben hat, als wir die Anteilsscheine gekauft haben», sagte Sofia. «Die Häuser haben alle keinen Keller.»

Toppe wusste, warum sie so alarmiert klang. In Kleve waren, bis auf die Häuser im Schwemmland, alle Gebäude unterkellert.

«Und das hat euch nicht stutzig gemacht?»

«Herrgott», fuhr Astrid ihn an, «so genau haben wir uns die Pläne doch gar nicht angeguckt!»

Dann schluckte sie. «Tut mir leid, du kannst ja nichts dafür.»

«Wie viel hast du investiert?»

«250 000.»

Toppe blieb die Spucke weg.

«Bei mir sind's 40 000», gab Sofia zu. «Ich habe keine Ahnung, wie wir aus der Sache rauskommen, wenn da tatsächlich etwas faul ist. Wir Anteilseigner sind ja quasi selbst die Bauherren.»

«Jedenfalls müssen wohl auch andere Anteilseigner dem Huth aufs Dach gestiegen sein», erklärte Astrid, schon wieder ein bisschen ruhiger. «Er hat gerade angerufen, um uns mitzuteilen, dass er für übermorgen Abend eine Eignerversammlung einberufen hat.»

«Na, siehst du.» Sofia legte Astrid den Arm um die Schulter. «Das würde er ja wohl kaum machen, wenn er sich etwas vorzuwerfen hätte. Also regen wir uns erst einmal wieder ab. Habt ihr Lust, mit uns zu essen? Arend hat seine berühmte Bouillabaisse gekocht.»

Toppe lief das Wasser im Mund zusammen, aber Astrid winkte ab. «Dann kriegen wir Ärger mit unserer Tochter. Katharina hat eine Gemüselasagne gemacht, die ist schon im Ofen.»

Aber dann aßen sie doch miteinander, zuerst die Fischsuppe, dann die Lasagne, und Sofia rührte aus tiefgefrorenen Beeren, Zucker und Sahne noch ein schnelles Himbeereis zusammen.

Sie sprachen nicht über die Hamstraße, und keiner fragte Toppe nach seinem Mordfall, stattdessen unterhielten sie sich darüber, dass Katharina langsam zu groß wurde für ihr Pony und dass man sich wohl mal nach einem neuen Pferd umsehen müsste.

Toppe sagte kaum etwas.

Als Astrid und Katharina es sich vor dem Fernseher gemütlich machten, um sich eine dieser amerikanischen CSI-Serien anzuschauen, nach denen seine Tochter in letzter Zeit so verrückt war, schnappte er sich die Tageszeitung und flüchtete in die Badewanne.

Astrid weckte ihn um elf, er fror wie ein Stint.

«Meine Güte, ich dachte, du wärst längst schlafen gegangen! Trockne dich ab und komm ins Bett, ich wärme dich wieder auf.»

Aber er hatte düstere, verworrene Träume gehabt und war ganz durcheinander.

«Ich trinke was Heißes und zappe ein bisschen durch die Kanäle.»

Er setzte Milch auf. Ein großer Becher süßer Kakao mit einem ordentlichen Schuss Weinbrand – genau danach war ihm jetzt.

Er schaltete schnell durch die Programme, fand alles langweilig, bis er auf einem Nachrichtenkanal Sebastian Huth entdeckte, der in einem ziemlich schummerigen Studio mit einem Journalisten an einem runden Tisch saß und über einen Slogan der DHM schwadronierte, den Toppe bis jetzt noch nicht kannte: *Moderne Frauen brauchen keinen Schleier.*

Ihm kam beinahe der Kakao wieder hoch: glatt und gekonnt wie die meisten Slogans dieser Partei – und so perfide.

Er wollte schon wegschalten, als er feststellte, dass der Journalist wohl einer von der kritischeren Sorte war.

«Warum findet Ihr Parteitag eigentlich ausgerechnet in Kleve statt?», fragte er. «Eine Stadt, in der gerade erst eine Hochschule eröffnet wurde, die so international aufgestellt ist wie kaum eine zweite, die sich ganz besonders um ausländische Studenten bemüht. Wie ich höre, werden achtzig Prozent aller Seminare in englischer Sprache abgehalten.»

«Aus ebendiesem Grund.» Huth neigte leicht den Kopf, wodurch sein Hals noch dünner wirkte. «Sehen Sie, Deutschland ist ein rohstoffarmes Land. Unser Kapital ist unser technologisches Know-how. Das gilt es zu schützen. Es geht nicht an, dass ausländische Studenten sich unser Wissen aneignen und es dann mit in ihre jeweilige Heimat nehmen. Das ist unser Ausverkauf! Und deshalb fordern wir: nur deutsche Studenten an deutschen Hochschulen.»

«Starker Tobak.» Der Journalist schaute auf seine Karteikarte. «Nun gibt es durchaus ernstzunehmende Kritiker Ihrer Partei, die Ihnen vorwerfen, Sie würden aus den Ängsten der Bürger Kapital schlagen.»

Huths Gesicht blieb ausdruckslos.

«Das ist uns natürlich bekannt. Gleichwohl können wir nicht nachvollziehen, wie diese ...», er malte Gänsefüßchen in die Luft, «... Kritiker zu dieser Ansicht gelangen.»

«Nun, renommierte Beobachter unserer Zeit, Soziologen, Politologen, sind sich einig darüber, dass der 11. September 2001 zu einem radikalen Umdenken in unserer Gesellschaft geführt hat. Man denkt seitdem nicht mehr in ethnischen Kategorien wie Türken und Araber, sondern in religiösen: Muslime. Und es wird kaum differenziert zwischen dem alltäglichen Ausleben von Glaubensdingen und radikalem, politischen Islam.»

Huth lächelte. «Alles andere wäre auch naiv. Wir alle kennen die Realität.»

«Aber mit dieser Einstellung weckt man bei den Bürgern Ängste ...»

«Nicht genug», fiel ihm Huth ins Wort. «Wenn unser Staat ein wenig aufmerksamer wäre, wäre unser Problem mit den Salafisten gar nicht erst entstanden. Um nur ein Beispiel zu nennen.»

Der Journalist ging nicht darauf ein.

«Ich würde gern auf einen weiteren Kernpunkt Ihres Parteiprogramms kommen.»

«Gern.»

«Im Jahr 2005 wurde Hartz IV eingeführt, und niemand wird leugnen können, dass die Menschen der unteren und inzwischen auch mittleren sozialen Lagen unter einem enormen

Druck stehen. Sie alle haben massive Angst davor, abgewertet zu werden. Hinzu kommt noch die Finanzkrise 2008. Die betraf zwar eigentlich nur Leute, die Aktien hatten, führte aber trotzdem zu einer Wirtschafts- und Arbeitsmarktkrise mit großen Unsicherheiten und prekären Arbeitsverhältnissen. Wodurch die Abstiegsängste des Mittelstandes noch stärker wurden. Ihre Kritiker werfen Ihnen vor, dass Ihre Partei sich genau diese Ängste zunutze macht mit Slogans wie: *Bedingungslose Grundarbeit, Deine Armut nimmt unseren Kindern die Zukunft, Gegen Selbstbedienung im Sozialstaat.*»

Huth zog amüsiert die Mundwinkel hoch. «Die meisten mussten wir uns gar nicht ausdenken, das haben kluge Menschen schon vor uns getan.» Er lehnte sich zurück und schlug die Beine übereinander. «Es ist sehr freundlich, dass Sie versuchen, mir Ihre Welt zu erklären, aber glauben Sie mir, das ist nicht nötig. Wir wissen leider nur allzu gut darüber Bescheid.»

«Kommen wir zum Thema Neoliberalismus.»

«Jetzt kann ich Ihnen leider nicht folgen.»

«Sie waren doch ursprünglich in der FDP.»

«Nun, wir kommen aus den unterschiedlichsten politischen Lagern. Uns allen ist gemein, dass wir erkannt haben, wohin unsere deutsche Gesellschaft steuert, und dass wir dem Einhalt gebieten müssen. Denn eines ist sicher: Multikulti ist gescheitert.»

«Sie weichen vom Thema ab. Wie gesagt, ich würde gern über die neoliberale Ausprägung Ihrer Partei sprechen.»

«Gern. Eine Vokabel übrigens, deren Inhalt sich uns nicht erschließt, obwohl ihr Gebrauch in den letzten Jahren inflationär geworden ist.»

«Da helfe ich Ihnen gern auf die Sprünge. Es geht schlicht

darum, dass Sie, und leider zu viele andere auch, soziale Gruppen nach ihrer Nützlichkeit, Verwertbarkeit und Effizienz beurteilen. Alles Kategorien, die aus der Ökonomie kommen und im sozialen Bereich – wie Familie und Schule – nichts verloren haben. In der letzten Konsequenz bedeutet diese Einstellung: Sie leugnen die Gleichwertigkeit von Menschen.»

Huth verzog angewidert das Gesicht. «Mit überkommener Sozialromantik bringen wir unser Land nicht nach vorn.»

Jetzt setzte Musik ein, der Journalist nahm seine Karteikarten in die Hand und sprach die Abmoderation in die Kamera.

Sebastian Huth schob seinen Krawattenknoten zurecht und dann die Hände in seine Jacketttaschen.

Für Ackermann war es immer noch etwas Besonderes, mit seiner Frau essen zu gehen.

Als die Mädels noch zu Hause gewesen waren, hatten sie sich Auswärtsessen nur selten leisten können – drei Blagen und das Gehalt eines kleinen Polizeibeamten, da waren keine großen Sprünge drin gewesen.

Umso mehr genossen sie es jetzt, wo die Kinder mehr oder weniger auf eigenen Beinen standen, einfach spontan auszugehen, wenn ihnen danach war.

Ackermann war es tatsächlich gelungen, seine Bewacher zu überlisten, und er hatte vorsorglich sein Mobiltelefon ausgeschaltet, damit Freytag ihm vom Hals blieb. Ihm war klar, dass sie sein Handy in null Komma nichts orten konnten, und bestimmt würden sie gleich auch schon auf dem Parkplatz auf ihn warten.

Aber jetzt saß er hier gemütlich beim Chinesen und hätte

100

sich eigentlich ein Bein ausgefreut, wenn nur Guusje nicht so komisch gewesen wäre.

Sein Weib war normalerweise so geradeaus, dass es manchmal schon weh tat, und wenn sie den Mund nicht aufkriegte und ihn nicht so richtig ansah, war was im Busch, und zwar was Ernstes.

Er schob seine Hand zwischen den beiden Warmhalteplatten hindurch und packte ihr Handgelenk so fest, dass sie ihr Messer fallen ließ.

«Du sags' mir jetz' sofort, wat du has'!»

Guusje schlug die Augen nieder. «Ich mache mir Sorgen. Ich weiß einfach nicht, ob das gutgeht mit Joke und Marcel», sagte sie leise. «Es ist einfach zu früh.»

«Dat is' doch meine Rede», entfuhr es Ackermann. «Der Kerl is' 'n Weichei un' Joke überhaupt nich' gewachsen. Mit dem wird dat Kind bloß unglücklich.»

Dann stutzte er. Guusje schlug die Augen nieder? Und plötzlich dämmerte es ihm. «Wills' du mir grad durch die Blume beibringen, dat die Hochzeit abgeblasen wird?»

Guusje zuckte die Achseln. «Sieht ganz danach aus.»

Ackermann legte das Besteck aus der Hand und schob seinen Teller weg. Nach Essen war ihm nicht mehr.

«Wat is' mit unserer Kleinen?»

«Die heult nur noch.»

«Heißt dat, se hat endlich kapiert, wat für 'ne Schnapsidee dat is' mit de Heirat, oder wat?»

«Ich glaube, ja.» Guusjes Augen füllten sich mit Tränen. «Sie rennt rum wie ein aufgescheuchtes Huhn und redet nur noch davon, was sie eigentlich noch alles so vorhatte in ihrem Leben.»

101

«Un' recht hat se!» Ackermann streichelte Guusjes Wange. «Jetz' beruhig dich ma' wieder. Dat kriegen wer schon hin. Wat sagt denn ihr Höppes?»

Guusje kramte in ihrer Handtasche nach einem Tempotuch. «Der hat doch noch nie was gesagt.»

Ackermann grinste sie an. «Sag ich doch, 'n Warmduscher, der nach Jokes Pfeife tanzt. Da kann man doch keine Ehe drauf bauen. Aber darum ging et ja auch gar nich', wa? Ihr hattet euch doch bloß in diesen Amikram verknallt.»

Guusje zog die Schultern hoch.

«Ja, da darfste ruhig ma' rot werden. Du has' da nämlich kräftig mitgemischt: Prinzessin für einen Tag, dat ich nich' lache. Un' dann stehste den Rest deines Lebens damit zu gucken.»

Sie schaffte es, reumütig auszusehen.

«Un' wie viel hat uns die Eskapade jetz' gekostet?»

«Drei-, viertausend ...»

Ackermann krampfte sich der Magen zusammen, aber er holte tief Luft. «Immerhin hab ich endlich 'n neuen Anzug.»

Jetzt griff Guusje zwischen den Warmhalteplatten hindurch nach seiner Hand und drückte sie fest.

«Hat se Marcel wen'stens in den Wind geschossen?»

Guusje verdrehte die Augen. «Sie sagt, sie liebt ihn total, irgendwie. Aber eigentlich weint sie sich nur die Augen aus.»

Ackermann winkte dem Kellner. «Dann fahren wer wohl besser schnell nach Hause.»

NEUN   Toppes Laune wurde immer schlechter.

Sie überprüften Lisa van Heukelums Familie, sprachen mit ihren Eltern und den Brüdern und fanden schnell heraus, dass diese Leute sicher nichts mit dem Mord zu tun hatten. Sie interessierten sich kaum für die junge Frau, und den Namen Ludger Evers hatten sie noch nie gehört. Eigentlich waren sie immer davon ausgegangen, dass Lisa keine Ahnung hatte, wer Desmonds Vater war.

Auch Lisas Freunde und Bekannte in Kalkar wussten nichts von Evers.

All das brauchte Zeit. Man fuhr durch die Gegend und ging den Leuten auf die Nerven, obwohl man eigentlich schon vorher ahnte, dass dabei nichts herauskommen würde.

Ackermann nutzte sein schier grenzenloses Beziehungsnetzwerk und versuchte, mehr über Evers' Privatleben in den letzten dreißig Jahren herauszufinden und dabei dem «dunklen Geheimnis» auf die Spur zu kommen, das Toppe im Kopf herumspukte, aber es ließ sich beim besten Willen nichts finden.

Cox, der wie immer alle Ergebnisse sammelte und akribisch dokumentierte, fand, es sei eine gute Idee, einmal persönlich mit Karsten Freytag zu sprechen und auf eine engere Zusammenarbeit zu drängen.

Die anderen hielten ihn nicht auf und sagten auch nichts, als er, stumm vor Wut, von diesem Treffen zurückkam.

Dann begannen sie doch noch mit der Überprüfung aller im Kreis gemeldeten Audi- und Mercedeslimousinen.

Wenn sie die richtige herausfischten, würde man im Innenraum Pulverspuren finden, da war sich van Gemmern ganz sicher.

Wie oft hatten sie bei dieser Art Sisyphusarbeit nicht schon den entscheidenden Glückstreffer gelandet?

Und so überprüften sie mit stoischer Gelassenheit die Alibis der Fahrzeughalter und setzten diejenigen auf eine Liste, die keines hatten und deren Wagen untersucht werden musste.

Toppe sprach kaum noch.

Auch er wusste natürlich, dass man einem Täter oft nur durch Zähigkeit auf die Spur kam, aber für den Teil seiner Arbeit hatte er schon früher, als er noch Leiter der Mordkommission gewesen war, nur mit Mühe die nötige Geduld aufgebracht.

Viel lieber hätte er sich jetzt gern noch einmal alle Berichte und Aktennotizen vorgenommen und darüber nachgegrübelt, wo etwas nicht passte.

Er seufzte innerlich und beschloss, Astrid heute Abend nicht zur Eignerversammlung zu begleiten, sondern stattdessen zu kochen.

Wenn Christian und Clara kamen, wollte er nicht die ganze Zeit in der Küche stehen.

Er überlegte, was sich gut vorbereiten ließ. Vielleicht ein Spitzkohlauflauf mit Parmesankruste und eine Suppe. Auf alle Fälle ein, zwei Pasteten, da hatte er ein paar wunderbare Rezepte. Wenn man dazu einen kleinen Salat machte ...

Er nahm ein Blatt Papier zur Hand und fing an, eine Einkaufsliste zu schreiben.

Verschiedene Brotsorten brauchten sie auch. Die besorgte er am besten bei dem Bäcker in der Unterstadt, da war er gleich um die Ecke von Henk, dem Käsemann.

«Franziskaner, Rohmilchbrie», schrieb er auf.

Und Aufschnitt natürlich, Christian hatte immer gern Salami gegessen. Tomaten und Obst, frische Feigen vielleicht ... In ein wenig Butter und Puderzucker sautiert mit einem Schuss Portwein ...

Und Schinken, klar.

Er setzte «San Daniele» auf die Liste und schaute auf die Uhr.

«Ich mache heute mal früher Schluss», sagte er und faltete seinen Zettel zusammen. «Ich muss noch ein paar Dinge besorgen, mein Sohn kommt morgen zu Besuch.»

Schnittges und Cox nickten abwesend, aber Ackermann nahm den Telefonhörer vom Ohr und hielt die Muschel zu. «Der Olli?»

«Nein, Christian.»

«Dat is' aber schön!» Ackermann strahlte ihn an, und Toppe wurde bewusst, dass er der Einzige in dieser Runde war, der seine erste Familie noch kannte, denn van Appeldorn war ja nicht da.

Sofort sprang ihn sein schlechtes Gewissen an. Er klappte sein Handy auf und ging hinaus.

Astrid und Sofia waren die Ersten.

Die Eignerversammlung fand im Hotel Cleve statt, und Sofia hatte die Idee gehabt, im Hotelrestaurant eine Kleinigkeit zu essen, bevor die Veranstaltung begann.

Aber das Restaurant war geschlossen und das Foyer wie ausgestorben.

Der Barkeeper freute sich offenbar über Kundschaft. Er könne ihnen einen Imbiss anbieten, wenn sie es wünschten; das Restaurant sei im Augenblick nur am Wochenende geöffnet.

Und so saßen sie jetzt an der Hotelbar, vor sich einen Teller mit frittierten Teigtaschen, Frühlingsröllchen und Thai-Dips, tranken Kaffee und beobachteten die Anteilseigner, die nach und nach eintrafen.

«Ich hätte nicht gedacht, dass das so viele sind», sagte Sofia. «Bestimmt mehr als fünfzig Leute.»

Es waren Menschen aller Altersgruppen, eine ganze Reihe von ihnen schon weit über sechzig.

Die Kommentare, die sie beim Hereinkommen abgaben, waren sehr gemischt.

«Ich hätte ja nie gedacht, dass ich mal einen Fuß in diesen teuren Schuppen setzen würde», raunte ein älterer Herr seinem Nachbarn zu, der bestätigend nickte.

Und eine Dame im rosafarbenen Chanelmantel näselte: «Wie kommt dieser Mann nur auf die Idee, uns hierherzubestellen? Da gibt es doch wahrhaftig gehobenere Adressen in der Stadt.»

Sofia stupste Astrid an. «Die gehört auch zu den Museumsfreunden.»

Sebastian Huth stand vor der Tür des Konferenzraums gegenüber der Bar, neben sich eine schlanke Blondine im dunklen Businesskostüm, die ungefähr in seinem Alter sein musste. Er begrüßte jeden Ankömmling mit Namen und drückte ihm die Hand.

«Der hat aber ein gutes Gedächtnis», flüsterte Astrid.

«Sonst hätte er es in seinen jungen Jahren wohl auch nicht so weit gebracht.» Sofia trank ihren Kaffee aus. «Lass uns auch mal reingehen.»

Im Konferenzraum standen Platten mit belegten Brötchen, von denen sich die Gäste eifrig bedienten. Astrid rümpfte die Nase, richtig frisch war da gar nichts mehr, der Käse schwitzte schon, und der Räucherlachs hatte trockene Ränder.

Auch der Raum machte einen vernachlässigten Eindruck, der Teppichboden war abgetreten und voller Flecken, und auf der Fensterbank lag eine dicke Staubschicht. Es roch durchdringend nach Fichtennadelaufguss aus der Sauna im Keller.

Zwei Kellnerinnen standen hinter einem Tisch mit Porzellanbechern und einer Reihe Thermoskannen.

«Tee oder Kaffee?»

«Einen Tee, bitte», sagte Astrid und entdeckte freie Stühle ganz vorn neben dem Tisch, an dem vermutlich Sebastian Huth Platz nehmen würde. «Komm!»

Auch Sofia hatte Tee gewählt und nahm einen Schluck. «Pfui Spinne, der schmeckt nach Kaffee!»

«Wahrscheinlich haben sie die Kannen nicht gespült.» Angeekelt stellte Astrid ihre Tasse auf der Fensterbank ab und setzte sich.

Huth schloss die Tür und kam mit seiner Begleiterin nach vorn.

«Ich bin sehr froh, dass Sie so zahlreich erschienen sind»,

begann er recht leise und wartete, bis das allgemeine Gemurmel verstummte. Die Blondine setzte sich und legte einen Stapel Papiere zurecht. Huth blieb stehen und lächelte in die Runde.

«Und ich freue mich sehr, dass ich die Gelegenheit bekomme, Sie alle noch einmal für unsere großartige Genossenschaftsidee zu begeistern. Besonders da es in den letzten Tagen zu einigen unliebsamen Gerüchten gekommen ist.»

«Von wegen Gerüchte!», kam es schrill von der Seite – die Museumsfrau. «Ich weiß aus sicherer Quelle, dass der Kreis einen Baustopp verhängt hat.»

Huth nickte. «Sie sind wirklich sehr gut informiert, Frau Neumann. Es wurde tatsächlich seitens des Kreises Kleve ein Baustopp angeordnet, der aber mittlerweile längst wieder aufgehoben wurde. Sie können sich mit eigenen Augen davon überzeugen, wenn Sie zur Baustelle fahren. Dort wird auf Hochtouren gearbeitet.»

Die Leute fingen an zu raunen.

«Also doch bloß mal wieder heiße Luft von den Ökos!»

«Den Kleffse hätt doch ömmer wat te nööle ...»

Huth räusperte sich. «Aber ich würde Ihnen gern Frau Pastorius vorstellen, die heute die Aufgaben des Aufsichtsrates unserer Genossenschaft vertritt.»

Die Blondine nickte jovial. «Guten Abend.»

«Ich will eigentlich bloß wissen, was mit meinem Geld passiert, wenn der Bau nicht zustande kommt», meldete sich ein älterer Mann. «Ich meine, wir haben da schließlich 12 500 Euro reingesteckt, alles, was wir gespart hatten.» Die Frau an seiner Seite trug einen lila Strickhut.

«Da müssen Sie sich keine Sorgen machen, Herr Vermeulen», antwortete Huth ruhig. «Ihr Kapital ist abgesichert durch eine der solidesten Banken überhaupt, der Asperger Channel Island Bank.»

«Wat für 'n Ding?», kam es von ganz hinten.

«Eine Bank auf Guernsey, mit der ich schon seit vielen Jahren sehr erfolgreich zusammenarbeite.»

Huth bückte sich nach seinem Diplomatenkoffer und entnahm ihm einen Packen farbiger Prospekte. «In diesem Leaflet haben wir noch einmal alle Eckdaten für Sie zusammengefasst: vom ersten Businessplan über die erteilten Genehmigungen bis hin zum voraussichtlichen Termin der Fertigstellung. Frau Pastorius wird die Hefte jetzt herumreichen.»

Wieder setzte Gemurmel ein.

«Wenn Sie noch Fragen haben, welche auch immer – bitte scheuen Sie sich nicht. Mir ist es sehr wichtig, alle ihre möglichen Sorgen auszuräumen.»

Eine Frau um die fünfzig meldete sich mit einem Schnipsen. «Wir wollen ja selbst in die Eigentumswohnung einziehen, wenn sie fertig ist. Daran hat sich doch nichts geändert, oder?»

«Natürlich nicht! In einer Wohnungsgenossenschaft bekommt jeder, der es möchte, selbst eine Wohnberechtigung. Das ist ja Teil Ihres Vertrages, Frau Kempkens, das können Sie nachlesen.»

«Und das mit dem Termin klappt auch?», hakte der Ehemann nach. «Wir haben unser Haus nämlich schon verkauft.»

Huth nickte nachdrücklich. «Davon gehe ich sicher aus.»

Der bärtige Mittvierziger, der neben Sofia saß, klopfte kurz auf die Tischplatte. «Ich habe alle Verträge durchgearbeitet, mich selbstverständlich auch über das Genossenschaftsrecht informiert und sehe da keine Probleme. Mich besorgt etwas ganz anderes: Was ist mit dem Methangas?»

«Ja, genau», meldete sich ein anderer Mann. «Dass da mal eine Mülldeponie war, ist ja bekannt.»

«Das ist durchaus richtig», bestätigte Huth. «Es waren sogar zwei Deponien, die beide sorgsam versiegelt wurden. Aber unser Baugebiet liegt ein ganzes Stück von diesen ehemaligen Deponien entfernt.» Er lächelte. «Das Methangas gibt es lediglich in der Phantasie eines gewissen Mitbürgers. Alle offiziellen Bodenproben sind absolut einwandfrei, der Baugrund ist völlig unbedenklich.»

Ein paar Fragen plätscherten noch nach.

«Na, dann ist ja alles in Ordnung.» Sofia hängte sich ihre Tasche über die Schulter und ging mit Astrid hinaus. «Ein blitzgescheites Kerlchen.» Sie kicherte. «Und irgendwie niedlich mit diesem Bubengesicht und den traurigen Augen …»

Toppe schob die Forellenterrine in den vorgeheizten Backofen, schüttete warmes Wasser aufs Backblech und stellte die Zeit ein.

Jetzt musste er nur noch die Minestrone kochen, aber er hatte plötzlich Lust auf eine Zigarette, dabei rauchte er eigentlich kaum noch.

Irgendwo in der Küchenschublade musste noch eine angebrochene Schachtel sein …

Er stellte sich in die offene Terrassentür und zündete sich eine an.

Wie sollte er mit Clara umgehen? Er wusste nicht wirklich,

wie es ihr ging, wie sie und Christian ihr Trauma verarbeitet hatten, wie sie miteinander waren.

Wie kam eine junge Frau damit klar, dass der eigene Vater ihren besten Freund tötete und die Mutter dazu schwieg?

Noch vor sechzehn Jahren war Clara am Niederrhein so etwas wie eine Heilige gewesen. Ihre Familie hatte sie jahrelang ausgebeutet, dafür gesorgt, dass man ihr «heilende Hände» zusprach, und Wallfahrten zu ihr und dem Ort ihrer «Marienerscheinung» organisiert.

In der Zeit hatte sich Christian, gerade mal siebzehn, in Clara verliebt, und sie waren beide in die Fänge einer katholischen Sekte geraten.

Aber sie waren dieser Bande entkommen, und mit Christians Hilfe hatte sich Clara auch endlich von ihrer Familie befreit. Danach war das Mädchen lange in Therapie gewesen, und schließlich waren die beiden zum Studium nach Köln gegangen.

Gabi und er, auch Astrid, hatten sich Sorgen gemacht, sich nicht recht vorstellen können, wie die beiden die ganze böse Geschichte verarbeiten wollten.

Aber Clara und Christian hatten alle Fürsorge abgeblockt – es ginge ihnen gut. Alles so leichthin …

Gabi hatte sich damals gerade mit ihrem Henry zusammengetan und wollte sich um die Kinder kümmern, und Toppe hatte sich erleichtert darauf verlassen.

Wie lange hatte er schon nicht mehr mit seiner Exfrau telefoniert? Zwei Jahre? Und das letzte Mal auch nur, weil Oliver aus Südafrika einen Notruf an beide Eltern abgesetzt hatte – angeblich war ihm das Geld für den Rückflug gestohlen worden.

Über Christian hatten sie überhaupt nicht gesprochen.

Toppe drückte die Zigarette im Blumenkübel aus und schloss die Terrassentür. Dann legte er das Schneidebrett zurecht, holte das Gemüse aus der Speisekammer und fing an, Zucchini zu zerteilen.

«Papi?»

Er fuhr zusammen. «Trinchen! Es ist halb elf, morgen ist Schule!»

Katharina schob sich ein Stückchen Zucchino in den Mund und verzog das Gesicht.

Toppe konnte sehen, dass sie noch nicht geschlafen hatte. «Was ist denn los? Warum kannst du nicht schlafen?»

«Ach, ich bin nur aufgeregt wegen Christian morgen. Ich meine, er ist doch mein Bruder, aber ich hab ihn noch nie gesehen. Was ist, wenn wir uns nicht leiden können?»

Er legte das Messer weg und zog sie an sich. «Ich kann mir vorstellen, wie dir zumute ist, Süße. Aber ich bin sicher, dass ihr euch leiden könnt. Das kriegen wir alle zusammen schon hin. Und jetzt komm!» Er küsste sie auf den Kopf und rubbelte ihr den Rücken. «Ich bring dich ins Bett und stopfe die Decke um dich herum.»

«Auch an den Füßen!»

«Ganz besonders an den Füßen.»

Er hatte die Suppe gerade aufgesetzt, als Astrid hereinkam.

«Soll ich sie dir herunterbringen?», rief sie nach hinten.

«Nein», kam es von Sofia zurück, «ich komme mit meinen zu euch hoch.»

Toppe trocknete sich die Hände ab. «Was ist? Ist Huth doch nicht so seriös, wie ihr geglaubt habt?»

«Doch, doch», antwortete Astrid. «Er konnte alle Zweifel ausräumen. Es gibt keinen Baustopp, und das mit dem Methangas war falscher Alarm. Zum Schluss haben wir alle das Hohelied der Genossenschaften gesungen.» Sie runzelte die Stirn. «Wir haben nur gerade im Auto festgestellt, dass unsere Anteilsscheine von unterschiedlichen Genossenschaften sind. Die haben verschiedene Namen, jedenfalls glauben wir das.»

«Und was soll dahinterstecken?»

«Ich habe keine Ahnung ...» Sie seufzte. «250 000 sind auch für meine Firma kein Pappenstiel, Helmut.»

Er schüttelte den Kopf. «Hast du nicht gerade noch gesagt, es sei alles in Ordnung?»

«Doch, schon ...»

«Ich koche jetzt diese Suppe fertig.» Er gab ihr einen Kuss. «Und danach gehen wir ins Bett.»

ZEHN Es war Christian, der dafür sorgte, dass sich alle entspannten.

Als Toppe die Forellenterrine servierte, gluckste er plötzlich los. «Entschuldige, Vatter, ich bin sicher, die schmeckt super lecker, ich musste nur gerade an deine ersten Kochversuche denken. Weißt du noch, Astrid, die Leberpastete?»

Auch Astrid kicherte. «Die hatte ich verdrängt, aber jetzt, wo du's sagst ...»

«Erinnert mich nur nicht daran.» Toppe stöhnte. «Das Ding war nicht fest geworden, und ich weiß bis heute nicht, warum.»

Christian nickte. «Mama hat die Pampe auf den Komposthaufen gekippt. Nicht dass Oliver und ich die Pastete gegessen hätten, wenn sie dir gelungen wäre. Leber war damals eklig.»

«Aber die Terrine hier ist köstlich», stellte Katharina sehr bestimmt fest.

«Und wie!» Clara lächelte sie an. «Gibst du mir das Rezept, Helmut? Ich fange nämlich gerade wieder mit dem Kochen an. In den letzten Jahren hatte ich ja kaum Gelegenheit dazu.»

Dann sprachen sie über Afrika, und Katharina fragte Clara ein Loch in den Bauch.

Als Astrid die Filetsteaks briet und Toppe seine Rotweinsoße aufwärmte, nahmen Clara und Christian ihre Weingläser und folgten ihnen in die Küche.

Sie erzählten von Claras Dozentenstelle an der Uni und von Christians neuem Job in einem großen Architekturbüro. «Wir haben echt Glück gehabt.»

«Im Moment hausen wir noch in einem winzigen Apartment», sagte Clara, «aber wir haben eine sehr schöne Dreizimmerwohnung in Unterbilk in Aussicht.»

«Und?», fragte Astrid. «Geht es dann an die Familienplanung?»

Christian zog die Schultern hoch. «Eigentlich wollten wir immer Kinder, aber mir ist das einfach zu unsicher im Augenblick. Mein Arbeitsvertrag läuft erst einmal nur für zwei Jahre.»

«Wenn man danach geht, kriegt man wahrscheinlich nie Kinder.» Toppe ließ die Soße Soße sein. «Früher hat man sich solche Gedanken doch gar nicht machen können, die Kinder kamen, egal ob Krieg war oder Armut herrschte, und ich denke manchmal, das war vielleicht auch ganz gut so. Irgendwie kriegt man es immer hin, glaub mir. Es muss nicht alles wie im Hochglanzmagazin sein. Das braucht ein Kind gar nicht.»

«Nein, es braucht etwas anderes», sagte Clara leise, «und das ist mein Problem im Moment. Bei meiner Kindheit ... ich weiß nicht, ob ich es hinkriege ... ich weiß einfach nicht, ob ich ein Kind genug lieben kann ...»

Astrid schob die Pfanne von der Herdplatte, nahm Clara in den Arm und drückte sie an sich.

«Ich hatte eine völlig normale Kindheit, und ich habe mir genau dieselben Gedanken gemacht. Ich glaube, das geht jeder Frau so.»

Dann saßen sie wieder am Tisch und schmausten.

«Es ist schon verrückt», sagte Christian. «Spätestens in der Pubertät hat sich doch jeder, der in Kleve geboren war, gewünscht, diesem verschnarchten Nest möglichst schnell den Rücken zu kehren. Ich war selig, als ich nach Köln ziehen konnte. Dann gehe ich nach Afrika und falle quasi für ein paar Jahre aus der Zeit. Und als ich zurückkomme, was springt mir da aus jeder Zeitung entgegen, läuft im Fernsehen rauf und runter? Das verschnarchte Nest! Kleve hat eine Hochschule, ich kann's nicht fassen.»

«Wir sind eben auf dem Weg hierher am Campus vorbeigefahren», erzählte Clara. «Der sieht toll aus, ein ganz neuer Stadtteil. Jetzt muss man zum Studium gar nicht mehr wegziehen. Das muss doch ein ganz anderes Gefühl sein, Kathi.»

Katharina zupfte an ihren dunklen Locken herum. «Ich gehe auf alle Fälle weg, die Studiengänge hier sind nicht so meins. Ich will in die Gerichtsmedizin.»

Toppe und Astrid tauschten einen milden Blick, was Katharina durchaus mitbekam. «Aber die Uni ist trotzdem super.»

Christian nickte. «Kleve ist wirklich in aller Munde, natürlich im Moment auch wegen diesem brisanten Parteitag. Egal, welches Spätprogramm ich einschalte, immer grinst mir Huths Sommersprossenfratze entgegen. Ich konnt's kaum glauben. Der war ja bei mir in der Klasse.»

Toppe runzelte die Stirn. «Das hatte ich ganz vergessen.»

Christian musste lachen. «Nichts für ungut, Papa, aber

du hattest damals nicht die leiseste Ahnung, wer meine Mitschüler waren.»

«Ich war durchaus auf den Elternsprechtagen», gab Toppe ein bisschen eingeschnappt zurück.

«Ja, genau ein Mal, und das auch nur, weil Mama mit vierzig Fieber im Bett lag und sie darauf bestanden hat, dass du gehst, weil ich Probleme mit dem Mathelehrer hatte. Und den hast du dann so zusammengefaltet, dass sich alle – der Mathelehrer, Mama und ich – gewünscht haben, du wärest nicht hingegangen.»

«Der Kerl war ein ausgemachtes Arschloch», verteidigte Toppe sich.

«Stimmt.»

Katharina betrachtete ihren Vater erstaunt. «Du bist früher nicht zu Elternsprechtagen gegangen?»

Toppe kroch eine leichte Hitze den Nacken hoch. «Ich hatte immer so wenig Zeit.»

«Damals hat Papa viel mehr arbeiten müssen als heute», sprang Astrid ihm zur Seite.

«Ist das denn jetzt auf deinem Chefposten besser?», wollte Christian wissen.

«Viel besser, pünktlich Feierabend, freie Wochenenden. Nur im Augenblick habe ich leider einen Fall und weiß nicht, ob ich morgen früh nicht doch wieder auf der Matte stehen muss.» Toppe zeigte auf sein Weinglas. «Deshalb bleibt es heute auch bei dem einen hier.» Er grinste. «Und einem kleinen Grappa zum Kaffee.»

«Dann lasst uns mal dem Klischee entsprechen.» Clara schob ihren Stuhl zurück. «Die Frauen machen den Abwasch, und die Herren ziehen sich zum Rauchen in den Salon zurück.»

«Au ja!» Katharina sprang auf.

Astrid lächelte in sich hinein. So viel Begeisterung bekam sie nie zu spüren, wenn sie ihre Tochter um Hilfe bat. Katharina hatte eindeutig einen Narren an Clara gefressen.

Toppe winkte ab, als Christian ihm einen Zigarillo anbot. «Die Dinger hab ich noch nie gemocht.» Er holte eine Flasche Grappa und zwei Gläser aus dem Schrank und goss ihnen ein.

«Sag mal, was ist dieser Huth eigentlich für ein Typ?»

Christian zog verwundert die Augenbrauen hoch. «Wieso? Hast du irgendwas mit dem zu tun?»

«Nicht direkt», antwortete Toppe und erzählte von Astrids und Sofias Investitionen in Huths Genossenschaft.

«Eine Genossenschaft?» Christian runzelte die Stirn. «Das hört sich so sozial an, das passt gar nicht zu dem. Er wollte immer Banker oder Broker werden und die ganz große Kohle machen. Der hat schon die ‹Financial Times› gelesen, als wir anderen noch Mickey-Mouse-Hefte getauscht haben.»

«Soweit ich weiß, hat er in den letzten Jahren als Banker in London gearbeitet», sagte Toppe. «Lange ist der noch nicht wieder in Kleve.»

Christian nickte nachdenklich. «Ich hab mich gewundert, dass der sich für diese Partei so aus dem Fenster hängt, wo er sich doch eigentlich nie für Politik interessiert hat. Aber vermutlich geht es ihm dabei nur um Kontakte zu den richtigen Leuten. So war der früher schon. Der hat sich seine Freunde ausgesucht nach dem Motto: ‹Was bringt der mir?› Eine Zeitlang konnte der ganz dicke mit dir sein, nur um dich dann von nichts auf gleich fallenzulassen. Auch mit den Mädels war er so. Die fanden ihn alle so süß traurig. Ich fand ihn einfach nur kalt.»

«Kanntest du seine Eltern?»

«Ich hab sie ein paarmal gesehen. Ich glaube, die waren beide Psychologen.»

Aus der Küche hörte man fröhliches Gequietsche.

Christian schmunzelte. «Katharina ist euch gut gelungen.»

Auch Toppe musste lächeln. «Die gelingt sich ganz allein.» Er stand auf. «Lass uns mal nachsehen, wie weit unsere Frauen mit dem Kaffee sind.»

Um zwanzig nach sechs wurde Toppe von seinem Handy aus dem Schlaf gerissen – Karsten Freytag.

«Mir ist eine Information zugespielt worden, die für Sie von Bedeutung sein dürfte.»

Toppe bekam nur ein dumpfes «Guten Morgen» heraus.

Schlief dieser Mensch eigentlich nie?

«Sie waren doch so überzeugt davon, dass Evers sich politisch nicht engagiert. Das Gegenteil ist der Fall. Evers hat in den letzten Jahren mehrfach an ‹Attac›-Basistreffen teilgenommen.»

Toppes Gedanken ratterten. «Attac»? Klar, dass diese Leute dem Staatsschutz ein Dorn im Auge waren, aber …

«Warum erzählen Sie mir das?»

Freytag überging die Frage. «Noch am Abend vor seiner Ermordung hat sich Evers in Kleve mit einem der führenden ‹Attac›-Männer aus Berlin getroffen, einem gewaltbereiten Aktivisten, der seit längerem unter unserer Beobachtung steht.»

Worauf wollte Freytag hinaus? Sollte dieser Mann Evers erschossen haben? Oder hatten «Attac»-Gegner Evers aus dem Weg geräumt? Das war doch Schwachsinn!

«Der Mann heißt Jan Giebels.»

«Aha.»

«Nach unseren Informationen ist er bereits am Sonntag nach Berlin zurückgekehrt.»

Sollte er sich jetzt bedanken oder was?

Aber darüber hätte sich Toppe keine Gedanken machen müssen, Freytag hatte schon aufgelegt.

«Wenn ich kein Bulle wär, wäre ich auch bei ‹Attac›», erklärte Schnittges. «Aber das behalte ich wohl besser für mich.»

Ackermann hatte schon von Jan Giebels gehört. «Der Ludger hat mir erzählt, dat Jan ihn besuchen kommt. Dat waren Schulfreunde. Der Jan is' dann nach Berlin gegangen, aber manchma' kommt der noch zu seinen Eltern, un' dann hat er sich wohl auch immer mit Ludger getroffen. Ich mein, der is' gebürtig aus Kellen. Soll ich mich ma' dahinterklemmen?»

Toppe nickte. «Schaden kann es nicht.»

Schnittges zog seinen Mantel an. «Und ich fahre mit van Gemmern nach Emmerich. Da haben wir drei Audi- und einen Mercedesfahrer, die kein Alibi haben und deren Autos untersucht werden müssen. Danach sind wir in Sonsbeck und in Kevelaer.»

«Warte ma', Bernie», rief Ackermann. «Du has' doch wegen 'nem Haus im Pflegerdorf gefragt. Mein Kumpel kennt da einen, der seine Klitsche verkaufen will, vielleicht aber auch vermieten. Ich hab hier die Telefonnummer für dich.»

Toppe schaute Cox an. «Dann machen wir zwei wohl mit der Telefonaktion weiter. Wie viele Halter haben wir noch auf der Liste?»

«Dreiundsiebzig.» Cox war nicht so recht bei der Sache – Pennys Bauch war heute Morgen ganz hart gewesen.

Als Toppe das erste Mal auf die Uhr schaute, war es schon nach vier. Sein Magen knurrte.

Wenn sie noch zusammen essen wollten, bevor die Kinder zu ihrem Klassentreffen im «Königsgarten» aufbrachen, musste er so langsam mal los.

«Hab ich morgen Bereitschaft?», fragte er Cox.

Der rieb sich sein heißes Ohr. «Nein, Bernie ist dran. Machst du Schluss für heute?»

«Ja, bald», antwortete Toppe. «Und du am besten auch. Wir sind ja fast durch.»

Sein Handy klingelte, es war Astrid.

«Die Genossenschaftler haben eine Telefonkette gemacht. Es gibt wohl doch einen Baustopp!»

«Was heißt ‹wohl›?»

«Ich bin noch nicht hingefahren, ich weiß nur, was mir diese Frau Neumann erzählt hat: Dass der erste Baustopp aufgehoben worden wäre, läge nur daran, dass Huth mit dem Kreis gemauschelt hätte. Jetzt hätte sich aber die übergeordnete Behörde eingeschaltet, und diesmal wäre der Baustopp endgültig.»

«Aber bis jetzt ist das alles nur Hörensagen, oder? Warum setzt ihr euch nicht mit Huth in Verbindung?»

«Weil der sein Handy ausgeschaltet hat. Diese Neumann ist sogar zu ihm nach Hause gefahren, aber da ist er nicht.»

«Na, du weißt ja, wo du ihn heute Abend finden kannst – im ‹Königsgarten›.»

«Stimmt, daran hab ich gar nicht gedacht! Aber das erzähl ich besser nicht weiter, sonst wird der gelyncht.»

«Wenn ich mir diese Frühstückstafel hier so anschaue, bin ich sehr froh, dass ich mich gestern beim Bier zurückgehalten habe.» Christian machte sich mit Heißhunger über Eier, Speck und Würstchen her. «Ein paar von den Jungs sind ganz schön abgestürzt.»

«Das war bei den Mädels nicht anders», sagte Clara. «Die haben alle Cocktails getrunken, total verrückt.»

«Nein, gar nicht, Cocktails sind bei den jungen Leuten schon seit ein paar Jahren angesagt. Es dauert nur immer eine Weile, bis so was in Kleve ankommt», erklärte Astrid. «Wie sind die Mädels denn mit dir umgegangen?»

Clara zuckte die Achseln. «Gar nicht. Es gab zwei Fraktionen, und in keine passte ich rein. Die einen hielten sich gegenseitig Fotos von ihrem Nachwuchs unter die Nase und wollten sich vor lauter Mutterglück gar nicht mehr einkriegen, und die anderen haben versucht, sich gegenseitig mit ihren großartigen Karrieren zu übertrumpfen.» Sie gab zwei Löffel Zucker in ihren Cappuccino und rührte um. «Ich wünschte, ich wäre nicht hingegangen.»

«So geht's mir auch.» Christian wischte mit einem Stück Brot das Eigelb von seinem Teller. «Am Anfang war es noch ganz interessant zu sehen, wie alle sich verändert hatten, von wegen Plauze und kaum noch Haare. Aber nachdem man sich eine Weile unterhalten hatte, war alles genau wie früher: Die, die man damals gemocht hat, sind immer noch

nette Menschen, und die anderen sind immer noch Arsch-
löcher.»

Katharina kicherte. «Du meinst, mit achtzehn ist man
schon fertig und verändert sich überhaupt nicht mehr?»

«Die meisten wohl nur äußerlich», nickte Clara und nahm
Katharina genauer unter die Lupe. «Sag mal, was hast du eigentlich mit deinen Haaren angestellt?»

«Wieso?» Katharina wurde feuerrot. «Ich hab sie nur ge-
glättet.»

«Aber warum denn?» Clara staunte. «Du hast so schöne
Locken. Die hab ich mir immer gewünscht, stattdessen bin ich
mit diesen blonden Spaghetti gestraft.»

«Spinnst du? Ich finde, du hast tolle Haare.»

«Danke. Du meinst also nicht, ich sollte sie mir langsam
mal abschneiden lassen?»

«Bloß nicht!»

«Sagt mal, war Huth eigentlich auch da?», fragte Toppe.

Christian schaute ihn irritiert an. «Klar», nickte er dann.

«Das wundert mich», sagte Astrid und erzählte von den
neuesten Gerüchten um die Ökosiedlung und von der
Telefonkette. «Huth war gestern für keinen zu erreichen,
ich hab schon befürchtet, dass er sich irgendwo verkrochen
hat.»

«Huth?» Christian lachte auf. «Der hat Hof gehalten wie
früher. Mit seinen ausgezeichneten Kontakten zu den ganz
großen Finanzmoguln geprotzt und prickelnde Anekdoten von
sich gegeben. In null Komma nichts war er von den üblichen
Speichelleckern umgeben, die alle darauf hofften, dass etwas
von seinem goldenen Tellerchen für sie abfiel, ein lukrativer
Job vielleicht.» Er deutete aufs andere Tischende. «Gibst du

mir noch mal das Brombeergelee rüber, Kathi? Das ist super lecker.»

Katharina reichte ihm das Glas. «Ist aus unseren eigenen Beeren hinten im Garten.»

«Klasse!» Christian schaute wieder seinen Vater an. «Mich hat Huth schräg von der Seite angemacht, als wir nebeneinander am Pissoir gestanden haben: Wie das denn so wäre, wenn man über zehn Jahre mit derselben Frau zusammen ist ...»

«Und was hast du geantwortet?», fragte Clara neugierig.

Christian grinste sie frech an. «Gar nichts! Die Antwort hätte ihn auch nicht interessiert. Er wollte nur loswerden, dass er jetzt doch mit dem Gedanken spielt, sich auf eine engere Beziehung zu einer Frau einzulassen. Der richtigen Frau selbstverständlich: alter Hamburger Geldadel, Brokerin mit Harvard-Abschluss, eine Saskia Schlagmichtot. Ich habe mich angemessen beeindruckt gezeigt.»

Er lehnte sich zurück und klopfte sich auf den Bauch. «Ich glaube, jetzt passt wirklich nichts mehr rein.»

Katharina schnappte plötzlich nach Luft und zeigte auf sein Handgelenk. «Das Muttermal!» Sie streckte ihren Arm aus. «Guck mal, das hab ich auch.»

«Das soll bei Geschwistern schon mal vorkommen», lächelte Christian.

Katharina strahlte. «Darf ich euch mal in Düsseldorf besuchen?»

«Das wäre toll.»

«Ja», nickte Clara. «Aber besser erst, wenn wir umgezogen sind. In unserer jetzigen Bude müsstest du in der Badewanne schlafen.»

«Apropos Umzug», schaltete Toppe sich ein. «Sagt Bescheid, wenn ihr Hilfe braucht. Ihr kennt ja wahrscheinlich noch nicht so viele Leute in Düsseldorf.»

Als sie endlich den Frühstückstisch abgeräumt hatten und Christian und Clara sich auf den Heimweg machten, war es schon nach Mittag.

«Danke für das Angebot wegen dem Umzug.» Christian umarmte seinen Vater. «Ich fürchte, wir werden darauf zurückkommen, alter Mann.»

Toppe wusste, dass er ziemlich blöde grinste. «Ich geb dir gleich ‹alter Mann›!»

Katharina winkte dem Auto hinterher und fiel dann Toppe um den Hals. «Das war total schön.»

Er drückte seine Tochter an sich. «Ja», über ihre Schulter hinweg lächelte er Astrid zu, «das war es wirklich.»

Sein Handy meldete sich.

«Ich habe keine Bereitschaft», knurrte er trotzig.

Astrid verdrehte die Augen. «Jetzt geh schon ran. Trine und ich machen Klarschiff in der Küche und im Gästezimmer.» Sie knuffte ihre Tochter in die Seite. «Und ich will jetzt kein langes Gesicht sehen, meine Liebe. Gestern konntest du vom Spülen gar nicht genug kriegen.»

Katharina schaute sie nachdenklich an. «Ich glaube, das war jetzt ein bisschen gemein, Mama.»

Toppe zog sein Telefon aus der Hosentasche und schaute aufs Display – Bernies Nummer.

«Was gibt's?»

«Ich fürchte, du musst kommen, Helmut. Wir haben eine Leiche am Bleichenberg, eine ziemliche Sauerei ...»

«Bleichenberg?» Toppe überlegte. «Das ist diese Treppe, die vom Kermisdal zur Burg hochgeht, nicht wahr?»

«Genau. Wir sind am oberen Ende. Marie ist schon mit mir hier, und van Gemmern kommt gerade an. Es sieht so aus, als sei der Mann erschlagen worden. Und Helmut ... es ist Sebastian Huth.»

ELF «Wut», war Toppes erster Gedanke.

Er hatte seinen Wagen am Synagogenplatz abgestellt und war die zehn, zwölf Stufen bis zu der Stelle hinuntergelaufen, an der Schnittges auf ihn wartete.

Jemand hatte Huths Kopf offenbar mehrfach mit so großer Wucht gegen die Mauerkante geschlagen, dass die Schädelkalotte geborsten war. Hirnmasse und Knochensplitter klebten an den Backsteinen, und es war eine Menge Blut geflossen.

Der Leichnam lag auf dem Bauch hinter der Mauer, die die Treppenanlage zum Burgberg hin abgrenzte, das Gesicht im Matsch.

Bernie Schnittges zog fröstelnd die Schultern hoch. «Da muss einer völlig ausgerastet sein.»

Toppe nickte. «Wer hat ihn gefunden?»

«Die Anwohner dort.» Schnittges wies mit dem Kinn auf ein weißes Haus, das sich ein Stück weiter unten an den Hang schmiegte. «Eine Familie Schmied. Die Frau hat die Leiche entdeckt, als sie den Müll rausgebracht hat. Ich habe schon mit den Leuten gesprochen, Vater, Mutter, zwei halbwüchsige Kinder, völlig unverdächtig.»

Toppe schaute sich um: Klaus van Gemmern kroch oben an der Treppe herum – vermutlich auf der Suche nach Schuhspuren –, Marie Beauchamps kniete neben dem Toten und zog ihm gerade vorsichtig Plastikbeutel über die Hände.

«Haben Sie etwas gefunden?» Toppe beugte sich über die Mauer.

Die Pathologin schaute auf. «Der Mann hat sich offensichtlich gewehrt. Wir haben Blut und Gewebe unter seinen Fingernägeln.»

«Genug für eine DNA-Probe?»

«Ganz bestimmt.»

«Na, das ist doch schon mal was», sagte Bernie.

Marie schickte ihm ein kurzes Lächeln und stand auf. «Klaus», rief sie van Gemmern und winkte. «Du kannst jetzt rüberkommen und dich hier umsehen. Und hilf mir auch gleich mal, ihn umzudrehen. Ich will mir die Totenflecken anschauen.»

Toppe ging ein paar Stufen hinab, bis er den Treppenverlauf überblicken konnte. Am Fuß des Aufstiegs führte die Worcesterbrücke über den Kermisdal. Dort lag der «Königsgarten», das Restaurant, in dem gestern Abend das Klassentreffen stattgefunden hatte.

Bernie kam mit dem Ausweis, den er in Huths Portemonnaie gefunden hatte. «Er hat in der Schlossstraße gewohnt», erklärte er. «In dem neuen Haus gleich hinter dem Reiterdenkmal, das sind keine hundertfünfzig Meter von hier. Vielleicht war er auf dem Heimweg von irgendwo.»

«Ich glaube, ich weiß, von wo», sagte Toppe und berichtete von seinem Sohn und dem Klassentreffen.

«Wie lange hat das Treffen denn gedauert?»

Toppe seufzte. «Ich habe keine Ahnung, und Christian ist schon wieder nach Düsseldorf gefahren.»

«Dann wird er wohl zurückkommen müssen», stellte Schnittges nüchtern fest; von dem Jungen würden sie erfahren, wer alles an dem Klassentreffen teilgenommen hatte und ob etwas Ungewöhnliches vorgefallen war. Womöglich wusste er sogar, mit wem sich Huth auf den Heimweg gemacht hatte.

«Ich rufe ihn gleich an.» Toppe zog sein Telefon aus der Tasche, sah dann aber, dass Dr. Beauchamps ihre erste Untersuchung offenbar abgeschlossen hatte. Sie kletterte über die Mauer und zog sich ihre Überschuhe aus.

Toppe lief die Treppe hinauf. «Können Sie schon was zum Todeszeitpunkt sagen?»

«Nur grob. Der Tod ist vor mindestens acht und höchstens elf Stunden eingetreten. Aber nach der Obduktion weiß ich das genauer.»

Wie immer hatten sich ein paar widerspenstige Strähnen aus ihrem Zopf gelöst und wehten ihr ins Gesicht. Ungeduldig zog sie das Haargummi aus dem Lockenwust und zwirbelte alles wieder zusammen.

Toppe schaute auf seine Uhr. «Dann ist er zwischen zwei und fünf letzte Nacht zu Tode gekommen. Seltsam, dass man ihn jetzt erst entdeckt hat.»

Schnittges schüttelte den Kopf. «Ich wohne ja gleich um die Ecke, am ‹Blauen Himmel›. Den Weg hier nehmen nicht so viele, und gerade am Sonntagmorgen ist hier so gut wie nichts los.»

Das konnte stimmen. Obwohl der Wagen der Kriminaltechnik und zwei Streifenwagen den Zugang zu der Treppe versperrten und die grünen Kollegen Flatterband gespannt hatten, war bisher nicht ein einziger Schaulustiger aufgetaucht. An den Fenstern des gegenüberliegenden Hauses standen Leute, aber deren Neugier schien sich in Grenzen zu halten.

Toppe schlug den Jackenkragen hoch. Es war deutlich kälter geworden, und es regnete sich so langsam ein. Der Frühling hatte sich wieder davongemacht.

Van Gemmern kam mit mürrischem Gesicht. «Es gibt keinerlei Schuhspuren in der Erde um den Toten herum. Man hat ihn also einfach über die Mauer geworfen.» Er verschränkte die Hände und ließ seine Fingergelenke laut knacken. «Und sich nicht die Mühe gemacht, ihn irgendwie zu verstecken. Dabei liegt dort eigentlich genug Laub herum.»

«Hast du seine Hausschlüssel gefunden?», fragte Schnittges.

Van Gemmern hielt ihm wortlos den eingetüteten Schlüsselbund hin. «Ich sehe mich noch etwas genauer um», wandte er sich an Toppe und verschwand wieder.

Schnittges betrachtete die Schlüssel. «Sollen wir zu seiner Wohnung hinübergehen?»

Toppe versuchte, Ordnung in seine Gedanken zu bringen. «Später», sagte er. «Wir müssen zuerst noch einiges besprechen. Ruf Peter und Jupp an, sie sollen ins Büro kommen. Ich fürchte, wir werden jeden Mann brauchen.»

Auch Bernie war klar, welchen Rummel Huths gewaltsamer Tod ein paar Tage vor dem Parteitag auslösen würde.

«Wir könnten Norbert fragen», schlug er vor. «Vielleicht ist er schon wieder so einigermaßen auf dem Damm.»

«Ist er nicht», sagte Toppe. «Ich habe mit ihm telefoniert, ihm geht es nicht so besonders.» Er überlegte. «Aber Klaus könnte Huths Wohnung schon mal auf Fingerspuren untersuchen. Gib ihm gleich mal den Schlüssel.»

Marie, die sich ein paar Schritte entfernt hatte, um zu telefonieren, kam zu ihnen. «Der Bestatter wird in ein paar Minuten hier sein und den Toten abholen. Ich fahre schon mal in die Prosektur und versuche, jemanden aufzutreiben, der mir assistiert. In spätestens drei Stunden müsste dann einer von euch als Zeuge dazukommen.»

Sie gab Toppe die Hand, drückte Bernie einen festen Kuss auf den Mund und lief zu ihrem Mini.

Schnittges grinste verlegen. «Sie ist ein bisschen impulsiv ...»

«Das ist doch schön!» Toppe seufzte tief. «Ich sage Freytag Bescheid.»

Wie Toppe erwartet hatte, nahm Karsten Freytag die Nachricht emotionslos zur Kenntnis. Es klang beinahe so, als habe er damit gerechnet, und Toppe fragte sich, ob Huth womöglich Morddrohungen erhalten hatte, aber er hütete sich nachzufragen. Mochte der Staatsschutz weiter in seinem geheimen grauen Brei herumrühren, er selbst würde diesen Fall genauso angehen wie jede andere Mordermittlung.

Sie beendeten das Telefonat gleichzeitig ohne jede Abschiedsfloskel.

Er schaute zu Schnittges hinüber – der telefonierte noch – und wählte Christians Nummer.

«Peter und Jupp machen sich sofort auf den Weg», informierte ihn Bernie, als sie beide ihre Gespräche beendet hatten.

«Christian kommt auch.» Toppe war froh, dass er die Zigarettenschachtel aus der Küchenschublade eingesteckt hatte. Mit klammen Fingern zündete er sich eine an.

Schnittges zog die Augenbrauen hoch. «Du rauchst?»

«Eigentlich kaum noch, aber ich glaube, ich fange wieder an.»

Bernie nickte geistesabwesend. «Im Grunde weiß ich überhaupt nichts über Huth», sagte er langsam. «Ist der eigentlich verheiratet?»

«Nein», antwortete Toppe. «Aber er soll eine Freundin gehabt haben. Und Christian kennt wohl die Eltern, er wird uns sagen können, wen wir benachrichtigen müssen.» Dann räusperte er sich. «Und ich weiß noch ein bisschen mehr über Huth, was unter anderem dazu führt, dass meine eigene Frau zum Kreis der Tatverdächtigen gehören könnte.»

Er ignorierte Bernies verblüfften Gesichtsausdruck. «Lass uns fahren!»

«Der Chef von welcher Partei?», fragte Cox verwirrt.

«Der DHM, Mensch!» Schnittges konnte es nicht fassen. «Was ist denn los mit dir? Kriegst du überhaupt nichts mehr mit?»

«Jetz' is' aber ma' gut!» Ackermanns Beschützerinstinkt meldete sich. «Pflaum den Jung nich' so an, der hat anderes im Kopp. Da kennst du nix von.»

«Tut mir leid», entschuldigte sich Cox. «Wie heißt der Mann?»

«Sebastian Huth.»

Cox schluckte. «Der Touareg», flüsterte er.

«Der Touareg», echote Ackermann verständnislos, und auch bei Schnittges fiel der Groschen nur langsam.

«Du willst uns sagen, dass Huth sich als Zeuge gemeldet hat», stellte Toppe fest.

«Ja, er war der Mann im schwarzen Touareg, der vorn neben dem Audi oder Mercedes auf der Geradeausspur an der Kreuzung gestanden hat.»

Sie schauten alle zur Tafel mit den farbigen Magneten.

«Der das Quadbike noch so eben aus dem Augenwinkel wahrgenommen hat, bevor er losgefahren ist», fiel es Schnittges wieder ein.

Ackermann sprang auf, stürzte zur Tafel und packte sich den grünen Magneten. «Der BMW hier hat doch gesagt, dat dat Quadbike hinter ihm auffe Linksabbiegerspur war un' dann aber auf einma' rechts an ihm vorbei bis vorne anne Ampel gedüst is'! Wat is' denn, wenn ...» Er verschluckte sich und bekam einen Hustenanfall.

Cox stand auf, klopfte ihm auf den Rücken und hielt ihm ein Taschentuch hin. «Was ist, wenn der schwarze Audi auf den Touareg schießen wollte», führte er Ackermanns Gedankengang fort, «und das Quadbike nur aus Versehen erwischt hat, weil es ihm in die Schusslinie geraten ist?»

Ackermann schnappte nach Luft, schob sich die Brille auf die Stirn und wischte sich die Tränen aus dem Gesicht. «Der Ludger war ga' nich' gemeint!»

Dann schaute er Toppe unsicher an. «Dat würd doch Sinn machen, oder?»

Toppe fluchte innerlich. Er hatte die ganze Zeit das Gefühl gehabt, etwas übersehen zu haben. Aber anstatt sich wirklich noch einmal an die Akten zu setzen, hatte er Feierabend gemacht und sein Privatleben genossen!

Er nickte grimmig. «Doch, Jupp, das ergibt tatsächlich Sinn.»

Cox zog eine Akte aus dem Regal und schlug sie auf.

«Sebastian Huth, selbständiger Finanzberater ... Ich habe alles notiert, Geburtsdatum, Adresse, Autokennzeichen ...»

Er stützte die Stirn in die Hände. «Das hätte mir nicht passieren dürfen.»

Toppe gab sich einen Ruck. «Lass gut sein, Peter. So was kommt vor.»

«Das sehe ich genauso», sagte Schnittges. «Tut mir leid, dass ich dich so angefahren habe.» Er schloss die Augen und massierte seine Nasenwurzel. «Jetzt mal ganz langsam ... Wenn Evers tatsächlich nicht gemeint war, sondern Huth getötet werden sollte, dann liegt unser lieber Freytag wohl richtig mit seiner politisch motivierten Tat.»

«Nicht unbedingt.» Toppe berichtete noch einmal vom Klassentreffen. «Christian hat mir erzählt, dass Huth wohl ein ziemlich unsympathischer Zeitgenosse war. Er soll Leute gern für seine Zwecke benutzt und sie dann fallengelassen haben. Wer weiß, vielleicht hatte jemand noch eine alte Rechnung mit ihm offen.»

«Kommt dein Sohn denn heute noch?», wollte Schnittges wissen.

Toppe nickte. Christian würde innerhalb einer Stunde hier sein, wenn Toppe ihn anrief, sobald die übliche Routine angelaufen war. «Er hat eine Liste mit den Namen und Adressen aller ehemaligen Schüler. Und vielleicht fällt ihm auch wieder ein, wie Huths Freundin hieß.» Er erzählte von Saskia, der klugen Hanseatin aus gutem Hause.

«Ich werde jetzt den Staatsanwalt informieren.»

Das Telefon auf Cox' Schreibtisch klingelte. Er meldete sich, legte dann die Hand über die Sprechmuschel und verdrehte die Augen. «Die Presse ...»

«Halt sie hin», raunte Toppe. «Sag ihnen, es gibt heute noch eine Pressekonferenz, wir müssen uns nur noch auf eine Uhrzeit einigen.»

Schnittges hatte sich ins Melderegister eingeloggt. «Huths Eltern wohnen in Kranenburg», sagte er. «Wer von uns fährt hin?»

«Wie die Freundin von Huth heißt, könnt ich rauskriegen. Ich kenn 'n paar von den Parteifreunden», meldete sich Ackermann unvermittelt. Er hatte die ganze Zeit ins Leere gestarrt – sein Kumpel Ludger war nur ein Zufallsopfer gewesen, das war schwer zu schlucken.

Toppe hob die Hand. «Gebt mir noch eine Minute. Bevor wir die Aufgaben verteilen, muss ich noch jemanden anrufen.»

Er erreichte Astrid auf ihrem Handy und erklärte ihr, was passiert war. «Ich sage noch Bescheid, wann wir euch hier brauchen … Ja, auch Sofia. Und bringt alle Unterlagen mit, die ihr von der Genossenschaft habt.»

Cox und Schnittges hatten die Ohren gespitzt, und auch Ackermann schien wieder bei der Sache zu sein.

«Astrid hat was mit Huth zu tun?», fragte Cox ungläubig.

«Ja, leider», bestätigte Toppe. «Sie hat Anteilsscheine von einer Genossenschaft gekauft, die Huth ins Leben gerufen hat. Es geht um eine Ökosiedlung in Materborn.»

«Davon habe ich in der Zeitung gelesen», erinnerte sich Schnittges. «Hörte sich gut an.»

«Tja.» Toppe verzog zweifelnd das Gesicht. «Nur gibt's da wohl leider ein Problem. Wie es aussieht, soll die Siedlung auf einer wilden Müllkippe errichtet werden, die wohl nicht dicht ist. Man munkelt, dass vorgestern ein endgültiger Baustopp verhängt wurde. Die Anteilseigner sind wohl ziemlich sauer auf Huth.»

Cox stöhnte. «Noch mehr Leute, die dem Kerl ans Leder wollten.»

«Ach wat!» Wirtschaftskriminalität war Ackermanns Fachgebiet. «So 'ne Genossenschaft is' 'ne sichere Sache. Wenn wat schiefgeht, krisse deine Knete immer wieder raus. Außerdem», er machte ein pfiffiges Gesicht, «has' du nich' gesagt, der Baustopp wär ers' vorgestern gewesen, Helmut? Da hatten die Genossenschaftler doch letzten Samstag überhaupt noch keinen Grund, Huth um die Ecke zu bringen!»

Schnittges lächelte leise. «So viel zum Thema ‹Meine eigene Frau gehört zum Kreis der Tatverdächtigen›.»

Wieder klingelte Cox' Telefon, diesmal war es ein privater Fernsehsender.

Cox wimmelte die Leute schnell ab. «Diese Aasgeier», sagte er kopfschüttelnd. «Wo kriegen die nur immer ihre Informationen her? Demnächst sind die noch früher am Tatort als wir.»

Er schaute Toppe an. «Wir sind verdammt knapp besetzt, Helmut. Besonders weil Jupp sich ja auch noch um seine Demo kümmern muss.»

«Da soll sich wer anders mit rumschlagen», Ackermann klang entschlossen, «kost' mich einen Anruf.»

Es klopfte.

Freytag.

Er steckte nur den Kopf zur Tür herein.

«Ich erwarte Ihre Ermittlungsergebnisse zeitnah auf meinem Schreibtisch.»

Damit war er auch schon wieder verschwunden.

«Von wegen ‹dein Schreibtisch›, du Pfeife», knurrte Ackermann.

Toppe ignorierte den Zwischenfall.

«Dann wollen wir mal Struktur in die Sache bringen.»

Van Gemmern musste informiert werden, dass er von jetzt an die Autos auf ihrer Liste allein würde überprüfen müssen. Außerdem mussten die Fingerspuren, die er in Huths Wohnung möglicherweise gesichert hatte, durch ihre Dateien geschickt werden.

Toppe und Schnittges würden nach Kranenburg fahren und Huths Eltern die Todesnachricht überbringen.

Cox erklärte sich bereit, die Pathologie zu übernehmen, und Ackermann würde versuchen, Namen und Adresse von Huths Freundin herauszufinden.

Die Pressekonferenz setzten sie, in Absprache mit dem Staatsanwalt, für 18 Uhr 30 an.

«Dreißig Minuten, nicht länger», entschied Toppe, «viel zu sagen gibt es ja sowieso noch nicht. Danach sprechen wir mit Christian und mit Astrid und Sofia. Und ich möchte, dass wir bei diesen Gesprächen alle dabei sind.»

Cox zog scharf die Luft ein, aber Toppe überging das – sie hatten keine Zeit für Befindlichkeiten.

«Und dann werden wir uns zu viert Huths Wohnung vornehmen, uns ein Bild von seinen Geschäften machen und seine Konten überprüfen.»

Diesmal klingelte Schnittges' Telefon.

«Schieß los, Süße», sagte er und schaltete den Lautsprecher ein.

«Das fremde Gewebe unter den Fingernägeln des Toten konnte ich sichern. Ich setze mich gleich an die DNA - Ana-

137

lyse», sagte Marie Beauchamps. «Ihr wisst, das dauert ein bisschen, aber spätestens morgen früh kann ich euch das Ergebnis liefern. Hatte das Opfer eigentlich einen Hund?»

Die Männer schauten sich fragend an.

«Keine Ahnung», antwortete Bernie schließlich.

«Ich habe jedenfalls Hundehaare an seinen Hosenbeinen gefunden. Die muss ich zur Analyse wegschicken. Das könnte ein, zwei Tage dauern, aber dann kann ich euch sagen, um welche Rasse es sich handelt.» Man hörte Papier rascheln. «Der genaue Todeszeitpunkt liegt zwischen vier Uhr und vier Uhr dreißig. Der Tote hatte einen Blutalkoholwert von 1,1 Promille, ansonsten keine weiteren Drogen nachweisbar.»

ZWÖLF Sebastian Huths Eltern weinten – es waren bittere Tränen.

Toppe hatte sich vorgestellt. «Können wir hereinkommen und uns setzen?»

Das Haus des Ehepaares lag am Ortsrand von Kranenburg, von außen eine unscheinbare Kate mit angebauter Scheune, innen jedoch hatte man Zwischenwände und -decken entfernt, sodass ein luftiger Raum entstanden war mit Kaminen an zwei Seiten, sparsam möbliert und ausgesprochen gemütlich.

Im Kamin an der linken Seite brannte ein kleines Feuer, dort nahmen sie auf zwei hellen Ledersofas Platz, und Toppe sagte ihnen, dass ihr Sohn getötet worden war. Im Laufe des Gespräches jedoch wurde er immer stiller, sodass es am Ende Bernie überlassen war, die nötigen Fragen zu stellen.

Die Mutter war eine zierliche, aparte Frau mit kurzem grauen Haar, das wohl einmal rotblond gewesen war. Sie fing sich als Erste wieder, aber es dauerte eine ganze Weile.

«Wir haben seit mehr als fünf Jahren nicht mehr mit Sebastian gesprochen. Er hat den Kontakt zu uns abgebrochen.»

Auch ihr Mann hatte rötliches Haar und war schmal gebaut. Der gleiche dünne Hals, dachte Toppe.

Die beiden saßen dicht nebeneinander und hatten ihre Hände miteinander verschränkt.

«Sebastian ist unser einziges Kind», sagte der Vater. Er kämpfte noch immer mit den Tränen. «Als er geboren wurde, haben wir unser ganzes Leben auf ihn ausgerichtet.»

Die Frau nickte und drückte seine Hände. «Und das war im Nachhinein wohl ein großer Fehler.» Sie schauderte. «Wir haben immer versucht, ihn zu unterstützen, und ihm alle Probleme aus dem Weg geräumt.»

«Aber das ist doch vollkommen normal», sagte Toppe.

Der Vater schüttelte resigniert den Kopf. «Für jeden noch so kleinen Erfolg haben wir ihn in den Himmel gehoben. Ganz normale Entwicklungsschritte über die Maßen gelobt.»

Die Mutter nickte wieder. Man merkte, wie oft sie schon miteinander darüber gesprochen hatten.

«Für Sebastian war unsere Unterstützung selbstverständlich, Frustrationen kannte er nicht», sagte sie. «Das konnte ja auch gar nicht anders sein.» Ihre Hände zitterten. «Es hat lange gedauert, bis uns bewusst wurde, dass unser Kind immer nur nimmt und niemals etwas zurückgibt.»

«Unser Sohn ist einfach kein netter Mensch.» Der Mann löste seine Hände von denen seiner Frau und unterdrückte ein Schluchzen. «Auch wenn es sich seltsam anhört, dass ein Vater so etwas über sein Kind sagt. Als Sebastian anfing, auf eigenen Beinen zu stehen, wurde uns auf einmal klar, dass er uns regelrecht ausbeutete – nicht nur finanziell, sondern auch emotional. Es hat lange gedauert, bis wir uns dazu durchgerungen haben, einmal nein zu seinen Wünschen und Forderungen zu sagen. Als wir es dann geschafft haben, waren wir für Sebastian gestorben.»

«Und zwar endgültig. Jeder Versuch von uns, Kontakt aufzunehmen ...» Die Frau brach ab und starrte ins Feuer. «Erschlagen ...»

«Was machen Sie beruflich?», fragte Schnittges, aber sie hörte ihn nicht.

«Meine Frau arbeitet als Psychiaterin in Bedburg, und ich bin selbständiger Psychotherapeut», antwortete der Mann schließlich.

«Und Sie haben seit fünf Jahren nicht mehr mit Ihrem Sohn gesprochen?»

Sie hatten nicht einmal gewusst, dass Sebastian aus London zurückgekehrt war. Erst aus der Zeitung hatten sie erfahren, dass er wieder in Kleve lebte und arbeitete und dass er nun auch politisch tätig war, sich ausgerechnet für die DHM engagierte.

«Eine Partei, die einen das Gruseln lehrt», sagte der Vater und schaute Toppe ratlos an.

Ackermann wusste, dass er den Mund ein wenig zu voll genommen hatte, als er behauptete, es wäre ihm ein Leichtes, den Namen von Huths Freundin herauszufinden.

Die beiden Leute bei der DHM, die früher dem rechten Flügel der CDU im Stadtrat angehört hatten, kannte er eigentlich nur über drei Ecken, und sie waren ihm sicherlich nicht besonders zugetan.

Trotzdem suchte er deren Telefonnummern heraus und griff mutig zum Apparat. Aber bei beiden meldete sich niemand, und er hatte keinen Schimmer, wie er an ihre Handynummern kommen sollte.

Er wanderte im Büro auf und ab, schraubte neugierig den Deckel von der Thermoskanne auf Peters Schreibtisch und schnupperte. Ganz normaler Kamillentee. Keine zweite Kanne, keine Tupperdose. Ob Pit wohl schon wieder von seinem Trip runterkam?

Wo konnten die Parteifreunde stecken? Wahrscheinlich auf dem Golfplatz – schließlich war Sonntag.

Aber tat man so was, wenn ein Freund gerade zum Schöpfer befördert worden war? Wenn in sechs Tagen der große Parteitag anstand und sich der Chef vom Ganzen die Radieschen von unten anguckte? Bestimmt nicht! Mit Sicherheit hockten die Burschen alle in ihrer Parteizentrale an der Linde und versuchten, die Chose auf die Reihe zu kriegen.

Da würde er jetzt einfach mal auf gut Glück hinfahren.

Frohgemut drehte er sich eine Zigarette – in seinem eigenen Auto durfte er noch nach Herzenslust rauchen –, nahm seine Wagenschlüssel und lief nach unten.

Ob die ihn überhaupt reinließen? Schließlich war er der Organisator der Gegendemo.

Er schloss den Wagen auf, ließ sich auf den Fahrersitz fallen und warf einen bösen Blick in den Rückspiegel. Die sollten ihm mal blöd kommen!

Er war Bulle und hatte einen Mord aufzuklären.

Wie war das noch mit Strafvereitelung?

Er hatte die ganze Zeit das Gefühl, dass irgendwas nicht stimmte, aber erst auf der Tiergartenstraße wurde ihm klar, was: Seine Bewacher waren weg!

Hatten die etwa gepennt und gar nicht mitgekriegt, dass er ins Büro gefahren war?

Er bremste, rumpelte die Bürgersteigkante hoch in eine

Parkbucht, stellte den Motor ab und drückte die Kurzwahl-taste «1» auf seinem Telefon.

«Hallo, bestes Weib von allen! Sag ma', stehen die Bellos bei uns vorm Haus?»

«Augenblick», antwortete Guusje, «ich geh mal gucken ... Nichts zu sehen. Haben sie dich verloren?»

«Halleluja!» Ackermann warf die Arme in die Luft. «Ich bin frei!», jubelte er.

Klar, auch Freytag hatte kapiert, dass eigentlich Huths Lebenslicht ausgepustet werden sollte. Ludger hatte mit der ganzen Geschichte nichts zu tun und damit er selbst natürlich auch nicht.

«Von wegen frei», kam es trocken aus dem Telefon. «Die Hochzeit steht wieder auf dem Plan.»

«Wat?» Ackermann schnappte nach Luft. «Wat? Sag, dat ich mich verhört hab!»

«Von wegen! Marcel hat Joke eben noch mal einen ‹gaaanz süßen› Antrag gemacht, per Flugzeug.»

«Wat?»

«Ja, hier ist eben so eine kleine Propellermaschine eine halbe Stunde lang über unserem Haus herumgebrummt. Mit einem Spruchband dahinter: ‹Joke, mein Herz, ohne dich kann ich nicht leben!›»

«Ich glaub, mir wird schlecht. Wat is' dat denn für 'ne Kitschnummer? Platter geht et wohl nich'. Un' außerdem, der muss doch ga' nich' ohne sie leben. Er soll se bloß nich' heiraten!»

«Das erkläre mal unserer Tochter.»

«Worauf du Gift nehmen kanns'!»

143

«Wann habt ihr das Klassentreffen verlassen, Clara und du?»,
fragte Toppe.

«Um kurz vor eins, und wir waren die Ersten.» Christian
hatte die Klassenliste gebracht, auf der er diejenigen ange-
kreuzt hatte, die zu dem Treffen gekommen waren, einund-
zwanzig Leute, elf Frauen und zehn Männer, von denen nur
noch fünf in Kleve und Umgebung lebten.

«Aber ich weiß, wann Huth gegangen ist», setzte Christian
hinzu. «Nachdem du mich heute Mittag angerufen hast, habe
ich mit Benja telefoniert.»

Toppe riss die Augen auf, und Bernie gab ein Stöhnen von
sich, aber Christian hob schnell die Hand. «Keine Sorge, ich
habe ihm nicht gesagt, dass Sebastian tot ist. Benja und ich
haben uns immer ganz gut verstanden, das war auch gestern
Abend noch so. Ich habe einfach gefragt, wie es noch so war
und wie lange sie noch gemacht haben.»

Toppe nickte beruhigt und schaute auf die Liste. Benjamin
Walther, Landschaftsgärtner, eine Adresse in Pfalzdorf.

«Und was hat er dir erzählt?»

«Na ja, zum Schluss war wohl nur noch der harte Kern
da: Sebastian, Benja, Jonas, Annika und Jana. Die konnten
schon früher kein Ende finden. Um vier Uhr hat man sie raus-
geschmissen.»

«Weißt du, ob jemand mit Huth zusammen weg ist?», fragte Cox.

Christian drehte sich zu ihm herum. «Nein, ich wollte da
auch nicht so genau nachfragen. Das wäre doch aufgefallen,
oder?»

Cox nickte und hob den Daumen.

«Benjamin hat mir nur erzählt, dass er sich mit Jonas und

den Mädels zusammen ein Taxi genommen hat und dass Huth es ja nicht weit bis nach Hause gehabt hatte. Und das wäre auch gut so gewesen, denn er hätte kaum noch geradeaus gehen können.» Er runzelte die Stirn. «Was ich komisch finde. Solange ich da war, hatte Huth zwar immer ein Glas in der Hand, aber viel getrunken hat er nicht.»

Ackermann kicherte. «Da merkt man doch, in wat für 'nem Stall der Knabe groß geworden is', Papa Bulle, dat Gespons' auch. Alle Achtung, Chris, Huth hatte tatsächlich bloß 1,1 Promille.»

Schnittges betrachtete Ackermann, sein Gesichtsausdruck war schwer zu deuten. «Könnte es sein, dass einer aus eurer Klasse noch eine Rechnung mit Huth offen hatte?», wandte er sich dann Christian zu.

«Nach so vielen Jahren?» So etwas war Christian gar nicht in den Sinn gekommen. «Ich weiß nicht … Huth war keiner, der sich offen mit jemandem angelegt hätte …»

Er strubbelte sich durchs Haar. «Ich fühle mich echt komisch. Da war ich neun Jahre lang mit einem in einer Klasse, hab ihn quasi jeden Tag gesehen … aber ich würde lügen, wenn …»

Toppe berührte kurz seine Hand und deutete dann auf die Liste.

«Was ist mit den Mädchen? Du hast doch erzählt, die fanden Huth ganz süß. Könnte es sein, dass er eine von ihnen damals tief verletzt hat?»

«Dass sie sich heute an ihm rächen wollte?» Christian zuckte die Achseln. «Keine Ahnung. Wenn, dann hätten nur die Mädels was davon mitbekommen. Da müsst ihr die fragen.»

Toppe wusste, dass er Clara gar nicht zu fragen brauchte. Sie war für alle eine Exotin gewesen – die Katholikin mit den heilenden Händen –, mit der man privat keinen Kontakt hatte.

Schnittges hatte so seine Zweifel. «Du hast Huths Verletzungen gesehen, Helmut. So viel Kraft hat eine Frau nicht.»

«Ha!», rief Ackermann. «Da sei dir ma' nich' so sicher. Wenn so 'ne Schickse richtig Wut im Balg hat ...»

Bernie achtete nicht auf ihn. «Und schon gar nicht könnte eine Frau einen leblosen Körper heben und über die Mauer wuchten.»

Cox räusperte sich. «Ich hab mir in der Pathologie ein paar Notizen gemacht, als Arbeitsgrundlage, bis wir den endgültigen Bericht bekommen. Huth war 1,69 und wog 64 Kilo.»

«Sag ich doch.» Ackermann lachte zufrieden. «'n Achtel Aufschnitt, der Kerl. Un' jede Frau, die wat auf sich hält, geht doch heute inne Muckibude.»

Astrid war lange nicht im Präsidium gewesen, aber sobald sie die Tür unten öffnete, war alles vertraut: die Atmosphäre aus Geschäftigkeit, Professionalität und gleichzeitig Zuwendung und etwas, das schwer zu benennen war, Zuversicht trotz allem, vielleicht. Es roch auch noch genau wie früher, als sie hier gearbeitet hatte, gern gearbeitet hatte.

Es war sehr merkwürdig, heute auf der anderen Seite zu sitzen, selbst befragt zu werden.

Sofia verbreitete heitere Gelassenheit.

Sie legte Toppe einen violetten Aktenordner auf den Schreibtisch. «Meine Unterlagen zur Genossenschaft», sagte sie und setzte sich. «Mehr habe ich nicht.»

Astrids Ordner war schwarz. Sie schlug ihn auf und legte ihn daneben. «Und das sind meine.»

Sie blieb stehen. «Wir haben festgestellt, dass unsere Anteilsscheine offenbar von verschiedenen Genossenschaften stammen.»

Ackermann, der auf der Fensterbank gehockt hatte, die jahrelang Toppes Lieblingsplatz gewesen war, kam herüber.

«Dat is' ja interessant. Lass ma' gucken.»

Er stieß einen Pfiff aus. «Da haste aber ganz schön wat reingesteckt, Mädchen!»

Er blätterte sich durch Astrids Papiere und murmelte dabei vor sich hin: «2500 pro Schein ... Mindesteinlage ... ach, sieh ma' einer guck ... ah, da is' ja die Liste! 58 Anteilseigner.» Er schaute auf. «Dann muss et noch 'ne dritte Genossenschaft geben.»

Schnittges war hinter Ackermann getreten und blickte ihm über die Schulter. «Wie kommst du darauf?»

Ackermann drehte sich um, lehnte sich gegen die Schreibtischkante und verschränkte die Arme. «Normalerweise braucht 'ne Genossenschaft 'n Vorstand und 'n Aufsichtsrat. So sieht et dat Gesetz vor. Et gibt aber auch sogenannte Kleinstgenossenschaften, die nich' mehr als zwanzig Anteilseigner haben dürfen. Un' bei denen is' dat anders geregelt, da kann der Vorstand aus einer Person bestehen.»

Er drehte sich wieder um und nahm sich Sofias Ordner vor. «Bei euch is' dat in beiden Fällen Sebastian Huth.» Er schaute über die Schulter. «Un' wenn et 58 Anteilseigner gibt, muss et drei Kleinstgenossenschaften geben, 20 plus 20 plus 18. Is' doch logisch! Un' ich fress 'n Besen, wenn Huth nich' auch bei der dritten der Vorstand is'.»

«Und was ist mit dem Aufsichtsrat?», wollte Toppe wissen.

«Den braucht 'ne Kleinstgenossenschaft nich'», antwortete Ackermann. «Da übernehmen die Anteilseigner selber die Aufgaben vom Aufsichtsrat. Et sei denn, die Eigner treten ihre Aufsichtsratsrechte an einen Bevollmächtigten ab.» Er blickte die beiden Frauen an. «Un' dat habt ihr zwei unterschrieben un' alle anderen Eigner wohl auch. Da steht et doch: Eure Rechte werden vertreten durch Frau Saskia Pastorius.»

«Huths Freundin», kam es dumpf von Cox.

Ackermann schüttelte zweifelnd den Kopf. «Wenn, dann is' die Liebe aber noch jung. Huths Parteikumpels wussten bloß, dat diese Saskia seit 'n paar Monaten seine Geschäftspartnerin war.» Er schlug sich gegen die Stirn. «Wo hab ich bloß meinen Kopp? Huth hatte übrigens keinen Hund, haben die gesagt.»

«Das hätte auch nicht zu ihm gepasst», bemerkte Schnittges. Der Hund konnte also dem Mörder gehören.

«Entschuldigt», unterbrach Sofia das Schweigen, «aber was ist denn nun mit uns? Sind wir jetzt einem Betrüger aufgesessen?»

«Dat kann man so nich' sagen», antwortete Ackermann, «obwohl man mit de Finger drauf fühlen kann, dat irgendwat nich' ganz koscher is', wenn einer sich so 'ne Konstruktion mit Kleinstgenossenschaften aussucht. Aber wenn dat alles stimmt mit de Giftmülldeponie ... et is' natürlich einfacher, bei de Baugenehmigung zu mauscheln», er grinste. «Ihr wisst schon, kleine Spende inne richtige Hand. Geht leichter, wenn bloß der Geschäftsführer un' seine Pappkameradin wat davon wissen. Aber keine Sorge, wie ich schon gesagt hab, so 'ne Genossenschaft is' ei'ntlich 'ne sichere Geschichte. Selbs' wenn die Siedlung nich' gebaut wird, ihr kriegt euer Geld auf alle Fälle wieder raus.»

«Das ist ja schön für uns», sagte Astrid. «Aber ich habe mich mal im Netz schlaugemacht. Bei uns handelt es sich ja um eine Wohnungsbaugenossenschaft, und da hat jeder Anteilseigner ein Recht auf ‹wohnliche Versorgung›, wie es so schön heißt.»

«Dat stimmt.»

«Und auf der Versammlung waren etliche Leute, die selbst auf der Hamstraße einziehen wollen. Ein Ehepaar hat sogar schon das Haus verkauft, in dem sie jetzt noch wohnen.»

«Dat is' natürlich Kacke. Ob die Anspruch auf Schadenersatz haben, dat kann ich erst sagen, wenn ich Huths Unterlagen vor de Nase hab. Ich muss wissen, wat der selbs' für Einlagen gemacht hat, welche Bank da mit drinhängt ...»

«Die habe ich mir gemerkt», warf Sofia ein. «Die Asperger Channel Island Bank auf Guernsey.»

«Uups!»

«Ich hätte eine ganz andere Frage», drängte sich Bernie Schnittges dazwischen. «Sie haben Saskia Pastorius doch getroffen. Können Sie sie beschreiben?»

«Sicher.» Astrid kam es seltsam vor, dass Schnittges sie siezte, aber, nun ja, sie gehörte nicht mehr zum Team. «Ungefähr 1,75, schlank, Konfektionsgröße 38, würde ich schätzen, sportlich. Blondes, schulterlanges, glattes Haar mit Pony, dunklere Brauen, blaue Augen, gesunder Teint, leichter Überbiss. Kräftige Hände, manikürte Nägel. Designerkostüm und -schuhe mit moderatem Absatz, kein Schmuck.»

Ackermann freute sich. «Sie hat et eben immer noch im Blut.»

Cox tippte auf seiner Tastatur. «Hier hab ich sie, Saskia Pastorius. Seit dem 1. November letzten Jahres in Kleve gemeldet, Großer Markt. Ob Freundin oder Geschäftspartnerin, wie auch immer, wir müssen sie auf alle Fälle informieren.»

Toppe schaute auf die Uhr.

«Dat könnt ich übernehmen, Chef», bot Ackermann sich an.

Toppe nickte. «Ich schlage vor, wir machen anderthalb Stunden Pause, lassen mal alles sacken und machen uns frisch. Dann treffen wir uns um halb zehn vor Huths Wohnung. Hast du die Schlüssel, Bernie?»

Astrid spürte, wie sich ihr Magen zusammenzog. Sie war lange genug bei der Kripo gewesen und wusste, wie wichtig es war, in den ersten 48 Stunden nach einer Tat keine Zeit zu vergeuden und quasi rund um die Uhr am Ball zu bleiben, bevor die Spuren kalt wurden, aber Helmut sah wirklich sehr müde aus.

«Komm», sagte sie. «Du kannst bei mir mitfahren. Es ist noch Minestrone da, und Kathi hat Tiramisu gemacht.»

Toppe erhob sich ächzend. «Und ein heißes Bad wäre nicht schlecht.»

Auch Bernie Schnittges nahm ein Bad, worüber sich Marie amüsierte. «Was ist denn mit dir los? Ich glaube, ich habe dich noch nie baden sehen. Du duschst doch viel lieber.»

«Ich muss ein bisschen runterkommen, da tut das ganz gut.» Er streckte sich. «Ich habe einen Bärenhunger. Würdest du uns Pizza bestellen?»

«Es dauert doch viel zu lange, bis die hier ist. Ich mach dir schnell was.»

Bernie staunte, Marie war eigentlich nicht besonders fürsorglich.

Er hörte, wie sie die Kühlschranktür öffnete und gleich wieder zuschlug, dann kramte sie in den Küchenschränken.

«Wir müssen endlich unser Leben besser organisieren», rief sie.

«Da müssten noch Eier sein», rief er zurück.

«Die hab ich gefunden. Ich suche nur noch etwas, mit dem ich sie ein wenig aufpeppen kann.»

Sie kam zurück ins Bad. «Wenn das mit dem Häuschen in Bedburg klappt, machen wir regelmäßig einen Wocheneinkauf – mit Einkaufsliste.»

«Ja, ganz genau», sagte Bernie ernsthaft. «Und zwar jeden Freitag pünktlich nach Feierabend.»

Blitzschnell hatte sie sich gebückt und ihm einen Schwall Wasser ins Gesicht geschwappt.

Er prustete, packte sie, zog ihr Gesicht zu sich heran und gab ihr einen Kuss.

Sie setzte sich auf den Wannenrand. «Sag mal, ihr geht tatsächlich in beiden Fällen von demselben Täter aus?»

«Ja.»

«Für mich passt das hinten und vorn nicht zusammen: Einen erschießt er, den anderen erschlägt er. Was soll das für ein Mensch sein?»

Ackermann fuhr zum Großen Markt und klingelte bei Saskia Pastorius, die in einem schicken Neubau wohnte, aber keiner öffnete.

Dann kämpfte er mit sich.

Auch er war ausgehungert und fühlte sich klebrig. Eine heiße Dusche wäre eine wahre Wonne gewesen. Und er wusste, dass Guusje sicher mit einem leckeren Imbiss auf ihn wartete.

Aber leider wartete da auch ein Problem, und darauf hatte er nun wirklich keine Lust.

Wenigstens anrufen musste er ...

«Feiger Hund», schimpfte er mit sich, schrieb eine SMS und ging zum Griechen.

Auch Cox schrieb eine SMS, bevor er sich ins Auto setzte:

«Was macht der Bauch?»

«Butterweich», kam es zurück.

Er lachte in sich hinein. Butterweich war er wirklich schon lange nicht mehr.

«Bin in zehn Minuten zu Hause – nur für eine Stunde, leider.»

Aber als er die Haustür aufstieß, erkannte er sein Zuhause nicht wieder.

Penny hatte so gut wie alle Möbel umgestellt. Es sah furchtbar aus.

Sie kam aus der Küche gewatschelt. «Ich hab mal ein bisschen Ordnung gemacht. Ist doch viel schöner so. Was meinst du?»

Er nahm sie in die Arme und hielt sie fest. «Wunderbar, Schatz. Aber du sollst doch nicht so schwer arbeiten.»

«Quatsch!» Sie schob ihn ein Stück von sich, drückte beide Fäuste ins Kreuz und funkelte ihn an. «Ich bin stark wie ein Bär. Morgen fang ich mit dem Frühjahrsputz an.»

DREIZEHN Bernie Schnittges kam zu Fuß. Von seiner Wohnung bis zum Denkmal des «Großen Kurfürsten», an dem sie sich treffen wollten, waren es nur ein paar Schritte.

«Ihr habt was verpasst», sagte er, als er die anderen drei erreichte. «Noch vor zehn Minuten stand hier ein Ü-Wagen, und alles war taghell erleuchtet. Ein Privatsender hat auf der Treppe nachgestellt, wie Huth erschlagen wurde.»

Jetzt war es hier ganz still und ziemlich finster.

Es hatte endlich aufgehört zu regnen. Toppe schaute zum Himmel – in der Höhe musste es windig sein, Wolkenfetzen flitzten dahin, manchmal lugte die Mondsichel hervor.

«Am Wochenende soll et richtig warm werden», sagte Ackermann, der Toppe beobachtet hatte. «Ich merk et schon inne Knochen.»

Sie hörten Schritte, aus dem Schatten des Marstalls kamen drei Männer in dunklen Uniformen auf sie zu.

«Guten Abend, die Herren, Bundespolizei, Ihre Papiere, bitte.»

«Hee», rief Ackermann, «wir sind die Guten!»

153

Toppe blieb ruhig. «Können Sie sich ausweisen?»

Zwei der Männer waren noch sehr jung, «Milchbubis», hätte Ackermann wohl gesagt, der dritte mochte Ende dreißig sein. Er war es, der ihre Papiere kontrollierte.

«Kripo, aha. Im Einsatz?» Von ganzen Sätzen schien er nicht viel zu halten.

«Mordfall», gab Toppe ebenso knapp zurück und steckte seinen Dienstausweis wieder ein.

«Wo seid ihr denn her?», fragte Ackermann neugierig.

«Hannover.»

«Niedersachsen? Meine Fresse, der Freytag hat echt die Buxe voll.» Er lachte. «Wofür habt er uns denn gehalten? 'ne revolutionäre Zelle? Guckt uns doch ma' an! Meint er nich', dat wir dafür 'n bisken alt sind?»

Er erntete nur ein Achselzucken. «Ruhigen Dienst noch.»

«Ich habe schon Leute mit mehr Humor gesehen», bemerkte Schnittges. «Wenn die am Samstag in ihrer schwarzen Montur und voller Bewaffnung auflaufen, werden sie die Bürger in Angst und Schrecken versetzen. Ich hab das mal in Krefeld erlebt bei einer Demo gegen eine NPD-Kundgebung. Da fanden die Demonstranten unsere Bundespolizei gruseliger als die Neonazis, was ich ihnen nicht verdenken konnte.»

Huths Wohnung lag im ersten Stock. Schnittges schloss die Tür auf und tastete nach dem Lichtschalter, aber dann ließ ein Geräusch ihn innehalten. Alle lauschten angespannt.

«Hört sich an, als wär da 'n Computer am Arbeiten», stellte Ackermann fest und knipste das Licht an.

Ein Flur mit dunklem Hartholzparkett und Downlights, von dem links und rechts je zwei Türen abgingen, führte in

154

einen über 30 Quadratmeter großen Raum, der gleichzeitig als Büro und Wohnzimmer diente.

Gegenüber der Tür und an der rechten Wand waren deckenhohe Regale aus Kirschholz angebracht, die, bis auf ein paar Bretter mit Fachliteratur ganz oben, ausschließlich mit Aktenordnern bestückt waren. Davor ein L-förmiger Glasschreibtisch, auf dem der Rechner stand, der unermüdlich vor sich hin arbeitete. Auf dem Bildschirmschoner des Monitors schoben sich schwarze Dollarzeichen auf gelbem Hintergrund träge durch die Gegend.

Schnittges ging hinüber und tippte die Maus an. Sofort wurde der Bildschirm rot, und der Schriftzug «Passwort!!!» schrie einen an.

Ackermann stürzte herbei. «Finger weg!» Beinahe hätte er sich wieder verschluckt.

«Dat sieht verdammt nach Algo-Trading aus.» Seine Augen leuchteten. «Dat hätt' ich mir eigentlich denken können.»

Bei Schnittges klingelte etwas. Da war neulich ein Bericht im Fernsehen gewesen über einen jungen Typen, der mehrfacher Millionär war, dabei in einem kleinen Appartement hauste und nicht viel mehr als einen PC und einen Aktenkoffer sein Eigen nannte.

Cox hatte keine Ahnung, wovon Ackermann sprach. «Klärst du uns mal auf, Jupp?»

«Aktienhandel!» Ackermann ließ sich auf den ledernen Schreibtischsessel fallen. «Du brauchs' 'n schlauen Programmierer, der dir den Algorithmus austüftelt, nach dem du kaufen un' verkaufen wills'. 'ne gute Schnäppchenjäger-Software kann Börsendaten in Millisekunden übermitteln. Der PC fällt die Entscheidung, welche Aktien zu welchem Preis wo gekauft un' wieder verscherbelt werden. So 'n Computer macht kleinste Kursbewegungen blitzschnell aus un' schlägt dann zu. Wenn man ir'ndwo auffe Welt zum billigsten Kurs kauft un' anderswo zum teuersten verkauft, dann ergibt die Differenz 'n leckeren kleinen Gewinn. Dat mögen oft bloß 'n paar Cent sein, aber die Masse macht et.»

«Das kann doch nicht legal sein?» Toppe wunderte sich.

«Doch, dat is' et – noch! Soll jetz' aber eingeschränkt werden, weil et da nämlich 'n paar schräge Vögel gibt, un' ich könnt' drauf wetten, dat Huth einer davon is'.»

Er hob den Zeigefinger. «Jemand, der dat Geldmaschinchen 24 Stunden laufen lässt, sogar wenn er gar nich' da is'! Wat diese Typen mit den Gewinnen machen, is' überhaupt nich' legal. Der PC schickt nämlich die Gewinne direkt auf ir'ndwelche Konten im Ausland. Gern schon ma' auffe Caymaninseln oder bei unserm Knaben hier vielleich' nach Guernsey. Un' dat, Freunde, nennt man Steuerbetrug. Auf die Art kannste locker die ein oder andere Million machen.»

«Kannst du rausfinden, auf welche Konten Huths Gewinne gehen?», fragte Schnittges.

«Ich? Bei Gott nich'!» Ackermann hob entsetzt die Hände. «Da müssen echte Spezialisten ran. Zum Beispiel der Wolfgang vom LKA, mit dem ich damals in Afrika zusammengearbeitet hab. Wisster noch? Den müssen wir morgen anrufen. Ich weiß bloß, dat wir dat Ding auf keinen Fall abschalten dürfen un' dat er sich dat vor Ort vornimmt.»

«Wenn Huth so dick im internationalen Geschäft ist», wandte Cox ein, «wieso gibt er sich dann mit so einer kleinen Genossenschaft ab?»

«Von irgendwat muss der Jung ja leben. Dat Geld aussem

Hochgeschwindigkeitshandel is' ja Schwarzgeld. Dat liegt jetz' in 'nem Steuerparadies rum, un' er muss gucken, wie er dat da wieder wegkriegt. Ich nehm ma' an, dat is' seine Altersvorsorge. Vielleicht verlegt er ja eines Tages seinen Wohnsitz inne Karibik oder auffe Kanalinseln, da soll et ja auch schön warm sein.»

Er stand auf und schlenderte an den Regalen entlang. «Den ganzen Kram hier müssen wir wohl mitnehmen. Nett, dat er alles so schön beschriftet hat.»

Toppe und Cox zogen jeder einen Ordner heraus, der ihnen interessant erschien.

Schnittges schaute sich im Raum um. Auch hier lag dunkles Parkett, auch hier spendeten Downlights warmes Licht.

Zwischen den bodentiefen Fenstern hing ein breiter Flachbildfernseher, an der linken Seite stand eine schokoladenbraune Ledercouch. Über dem Sofa an der Wand ein Bild, das Schnittges gefiel, ungefähr ein mal zwei Meter groß: Buchstabenkolonnen in Tiefblau und Türkis auf Goldfolie hinter Glas, verschiedene Schrifttypen, übereinandergelegt, versetzt, geprägt, verwoben.

Bernie kniff die Augen zusammen und konnte auf einmal einzelne Wörter ausmachen.

Er musste ein Geräusch von sich gegeben haben, denn Toppe kam zu ihm herüber. «Ein tolles Bild.»

«Das hab ich auch zuerst gedacht, aber pass mal auf.»

Schnittges fuhr mit dem Finger langsam über das Bild und las vor: «Um in der Geschäftswelt Erfolg zu haben, braucht man dieselben Eigenschaften wie ein kaltblütiger Killer. Kein Mitgefühl, keine Emotionen, nur die Bereitschaft, für das gewünschte Ergebnis alles zu tun.»

157

«Da krieg ich ja 'ne Gänsehaut!» Auch Ackermann stellte sich vor das Kunstwerk. «Dat du dat aus dem Gewimmel rausgelesen has' – alle Achtung!»

«Das muss ein Zitat sein», befand Cox. «Steht da, von wem das ist?»

«Nö.» Schnittges kniete sich aufs Sofa und suchte am unteren Bildrand. «Eine Signatur gibt es auch nicht.» Dann stand er wieder auf. «Ich schau mich mal in den anderen Räumen um.»

Eine ziemlich kleine Küche mit schwarzen Hochglanzfronten und einem mannshohen feuerroten Kühlschrank mit Eiswürfelbereiter. Das Ceranfeld sah aus, als wäre noch nie darauf gekocht worden, auch der Backofen war wie geleckt. Nur den italienischen Kaffeevollautomaten schien Huth oft benutzt zu haben.

Schnittges öffnete den Kühlschrank: drei Flaschen Champagner, mexikanisches und irisches Bier, vier Dosen Energydrink, eingeschweißter Räucherlachs, Forellenkaviar, Crème fraîche, Butter, zwei Zitronen, zwei verschiedene Leberpasteten, eine Avocado und ein paar Tomaten im Gemüsefach, in der Tür drei Liter fettarme Milch und zwei Flaschen Evian.

Der Herr hatte es sich offenbar gern gutgehen lassen.

In den Oberschränken fand Schnittges ein großes Päckchen Buttertoastbrot, zwei Gläser Nussnugatcreme in Familiengröße, fünf verschiedene Cerealien, alle gezuckert oder mit Schokolade, daneben ein unordentlich aufgerissenes Paket Haushaltszucker.

Bernie grinste. «Vorne hui, hinten pfui», sagte seine Mutter gern.

Huth hatte offenbar eine Schwäche für Nutellabrote und

süße Cornflakes gehabt, der Inhalt des Kühlschranks war wohl eher für Gäste gewesen oder für besondere Stunden, wenn es etwas zu feiern gab, einen besonders lukrativen Aktiendeal vielleicht.

Toppe hatte mehrere Ordner mit der Aufschrift «Vestobuild» entdeckt. Das war doch der Bauträger des Hauses an der Nassauer Allee gewesen, in dem Evers die Eigentumswohnung gekauft hatte und der dann in die Insolvenz gegangen war.

Er zog einen Ordner heraus. Das Insolvenzverfahren war akribisch dokumentiert.

Damit sollten sich Jupp und seine Kollegen auseinandersetzen.

Der Ordner daneben war auch interessant: «Vestabau».

Er hatte also mit seiner Vermutung richtig gelegen, dieselbe Firma im Prinzip, nur unter anderem Namen.

Ach, schau an, Saskia Pastorius zeichnete jetzt verantwortlich.

Schnittges sah sich im Badezimmer um. Edel wie der Rest der Wohnung, Schieferplatten, Granit, schneeweiße Eckbadewanne, futuristische Armaturen. Schick, aber ihm persönlich wäre es zu dunkel gewesen.

Auch hier war alles blitzsauber, und es roch frisch. Huth musste eine Putzfrau gehabt haben.

Ein aufgeräumter begehbarer Kleiderschrank.

Schnittges interessierte sich nicht für Designermode, aber «Armani» sagte ihm etwas.

Das Schlafzimmer war spartanisch wie eine Mönchsklause, Bett, Kommode, ein niedriges Büchergestell neben dem

Fenster: Philosophie, Geschichte, Biographien, kein einziger Roman. Ein großer Leser war Huth nicht gewesen.

In der obersten Kommodenschublade lagen eine Digitalkamera und ein paar Fotos: Strand, Palmenhaine, Himmel und Meer, vielleicht in der Karibik aufgenommen. Auf keinem einzigen war ein Mensch zu sehen.

Die anderen Schubladen waren leer.

Cox zog einen weiteren Ordner aus dem Regal und staunte. «Was der in seinen jungen Jahren schon alles für Projekte angestoßen hat! Hier, ein Windpark an der Nordsee ... da haben wohl auch eine ganze Reihe von Leuten investiert.»

Ackermann hatte sichtlich Spaß. «Dat sacken wir alles ein, Jungs.»

Toppe hatte die Ordner mit der Aufschrift «Konten» gefunden. Er zog ein paar heraus, legte sie auf den Boden und blätterte sie durch.

«Asperger Channel Island Bank», sagte er. «Bei denen hat er ein Privatkonto, da sind fast 300 000 Euro drauf. Bei der Volksbank Kleverland hat er auch eins, rund 25 000. Von den Cayman Islands finde ich nichts.»

«Der is' ja nich' bekloppt. Dat wird er schön in seinem PC versteckt haben.» Ackermann hockte sich neben Toppe auf den Boden. «Lass ma' gucken ... Ah, hier, drei Genossenschaftskonten bei de Sparkasse in Kleve, zusammen etwas über zwei Millionen. Un' schau dir dat an: Die Pastorius hat Kontovollmacht.»

«Und die Pastorius ist nicht zu Hause», bemerkte Cox nüchtern.

Und das war sie immer noch nicht, als Ackermann und Schnittges um halb zwölf wieder bei ihr klingelten.

Die beiden hatten sich angeboten, noch einmal bei ihr vorbeizufahren, bevor auch sie sich ein paar Stunden hinlegten; um sieben würden sie sich wieder im Büro treffen.

Saskia Pastorius wohnte in einer der beiden Erdgeschosswohnungen.

«Die hat die Läden gar nich' runter», stellte Ackermann fest. «Nich', dat der Killer die auch abgemurkst hat un' sie tot inner Ecke liegt.»

Er drängte Schnittges beiseite und legte seinen Finger fest auf den Klingelknopf.

Man hörte die Schelle durch die geschlossenen Fenster.

Jetzt ging im Flur das Licht an, und die Haustür wurde aufgerissen.

«Sind Sie noch ganz gescheit?»

Der Mann hatte sich nur einen Mantel über seinen Schlafanzug geworfen, die Haare standen ihm wirr vom Kopf ab. «Es gibt Menschen, die morgen arbeiten müssen!»

«Un' et gibt Menschen, die noch am Arbeiten sind», gab Ackermann unbeeindruckt zurück und hielt dem wütenden Mann seinen Dienstausweis unter die Nase.

«Wir müssen mit Frau Pastorius sprechen», erklärte Schnittges.

«Da haben Sie Pech, die ist verreist.» Der Mann öffnete die Haustür ganz. «Kommen Sie rein, mir ist das zu kalt so.»

Sie traten in den Hausflur. «Und seit wann ist sie verreist?», fragte Schnittges.

«Seit heute Morgen um halb sechs. Die dumme Pute hat das ganze Haus aufgeweckt. Der Taxifahrer musste reinkommen und ihre Koffer holen, und dabei hat er die ganze Zeit seinen Diesel laufen lassen, direkt vor meinem Schlafzimmerfenster.»

Ackermann machte sich Notizen, was den Mann zu verunsichern schien. «Ist irgendwas mit der Frau?»

Schnittges ging nicht darauf ein. «Kennen Sie sie näher?»

«Die?» Der Mann schnaubte abfällig. «Vielen Dank auch! Das ist eine arrogante Kuh, die es nicht mal für nötig hält, ‹Guten Tag› zu sagen. Außerdem hat die einen Spleen, sogar zum Einkaufen lässt die sich mit einem Taxi chauffieren!»

VIERZEHN   Ackermann hatte Glück.

Als er nach Hause kam, war dort alles still und dunkel, nur die kleine Lampe an der Garderobe im Flur brannte. Guusje ließ sie immer für ihn an, wenn er spät nach Hause kam.

Heute also keine Dramen mehr, Gott sei Dank.

Er holte sich eine Flasche Bier aus dem Kühlschrank und ging ins Wohnzimmer. Seine Mädels hatten offensichtlich gefeiert, drei leere Sektflaschen, vier leere Gläser, eins davon umgekippt. War wohl hoch hergegangen. Sein Herzblatt Nadine war bestimmt nicht extra aus Amsterdam angereist, um die zweite Verlobung des Kükens zu feiern, also war wohl Jokes Höppes mit von der Partie gewesen.

Guusje schnarchte leise und wurde nicht wach, als er zu ihr unter die Decke kroch.

Und dann keinen Schlaf fand.

Seine Gedanken stolperten durcheinander: Huth, Jokes vermaledeite Hochzeit, Algo-Trading, die Pastorius …

Als ihm der Schweiß ausbrach und sein Herz anfing zu rasen, stand er auf.

163

Er ging in die Küche, schaltete die Kaffeemaschine ein und holte dann die Zeitung aus dem Briefkasten.

Der Mord an Sebastian Huth war der Aufmacher im Lokalteil und nahm den größten Teil der Seite drei im überregionalen Teil ein. Wörter wie «dynamisch, «jung» und «Hoffnungsträger» hatten es den Reportern besonders angetan.

Ackermann goss Kaffee in seinen Becher und nahm ihn mit ins Bad. Nachdem er sich rasiert, die Zähne geputzt und erst heiß, dann eiskalt geduscht hatte, fühlte er sich fit.

Als er sich die Schuhe zuband, knurrte sein Magen.

Kurzerhand plünderte er den Kühlschrank, zehn Eier, gekochter Schinken, ein Päckchen Butter, ein Stück junger Gouda, ein halbes Bauernbrot, und packte alles zusammen mit der Zeitung in eine Plastiktüte. Wenn sie später richtig Hunger bekamen, würde er für alle Rührei machen.

Im Präsidium war es ruhig.

«Zu ruhig», meinte der Diensthabende. «Ich weiß auch nicht, was los ist.»

«Freytags Meute treibt sich inne Stadt rum, dat is' los!», erklärte Ackermann. «Da traut sich keiner aussem Haus. Machen die Jungs grad Kaffeepause?» Er lugte um die Ecke, wo die Streifenbeamten am Tisch saßen und Zeitung lasen.

«Ich könnt Hilfe brauchen», rief er und erklärte, worum es ging. Die Unterlagen aus Huths Wohnung mussten abgeholt und in das Büro vom KK 11 gebracht werden.

«Un' wenn ich dat alleine mach, brauch ich Stunden.»

Er stieß auf offene Ohren – nichts war im Nachtdienst schlimmer als Leerlauf.

«Aber ich warn euch, dat könnten locker drei Fuhren werden.»

Als sie mit den ersten Ordnerstapeln nach oben kamen, hatten die Kollegen von der Wache schon Tische aus dem Versammlungsraum geholt und sie im Büro an den Wänden entlang aufgestellt.

«Danke, Jungs!»

Als sie mit der zweiten Fuhre kamen, war Toppe da.

«Zwei Blöde, ein Gedanke», bemerkte er grinsend. «Ist das alles?»

«Nee, einma' müssen wir noch.»

«Warte, ich komme mit.»

«Quatsch! Fang lieber scho' ma' an, dat Zeug zu sortieren.»

Bei der dritten Fuhre wurde es langsam hell.

Ackermann wunderte sich kein bisschen, dass jetzt auch die anderen da waren.

Schnittges begrüßte ihn mit einem munteren «Morgen, Jupp, super Job!».

Peter Cox war anderweitig beschäftigt. Er klebte Schildchen an die Tische: «Genossenschaften», «Bauunternehmen», «Projekte», «Konten», «Steuerunterlagen», «Parteiarbeit», «Qualifikationen und Zertifikate», «Rechnungswesen».

Toppe hatte die große Tafel aus dem Versammlungsraum herübergerollt und teilte sie in Spalten ein: «Klassentreffen» – «Genossenschaft».

«Willste da die Verdächtigen auflisten?» Ackermann wischte sich die staubigen Hände am Hosenboden ab.

«Ja, alle Leute, von denen wir eine Speichelprobe brauchen, die wir mit der DNA unter Huths Fingernägeln vergleichen können.»

165

«Setz auch Saskia Pastorius drauf», sagte Schnittges. «Keine zwei Stunden nachdem Huth erschlagen wurde, geht die Dame auf Reisen. Das kommt mir ein bisschen komisch vor. Mich würde der aktuelle Stand der Genossenschaftskonten interessieren.»

«Du meins', die hat die Konten leergeräumt un' sich vom Acker gemacht? Dat is' mir auch schon innen Sinn gekommen», gab Ackermann zu. «Ich glaub, dat kann ich auf 'm kurzen Weg klären. Mit dem Chef vonner Klever Sparkasse hab ich früher ma' gekegelt. Ich muss bloß ma' gucken, ob ich dem seine Nummer noch gespeichert hab. Ich geh ma' ebkes auf 'n Flur.»

Unter der Überschrift «Klassentreffen» trug Toppe vier Namen ein: Benjamin Walther, Jonas Klein, Annika Wulff, Jana Elbers.

Ackermann kam wieder herein. «Ich treff mich mit dem inner halben Stunde inner Hauptstelle.»

Toppe nickte zustimmend. «Das hier sind die vier Leute, die am Ende des Treffens mit Huth zusammen waren. Walther wohnt in Pfalzdorf, mit dem können wir sprechen. Klein lebt in Berlin, Wulff und Elbers in der Nähe von Wiesbaden. Da werden wir die Kollegen um Amtshilfe bitten müssen.»

Cox nahm sich einen Zettel. «Ich stelle mal den Fragenkatalog für sie zusammen.»

Toppe übertrug vier weitere Namen von Christians Liste auf die Tafel. «Das sind die anderen, die noch am Niederrhein wohnen: Marco Böhm, Kleve, Tessa Liebeton, Kleve, Lisa Matenaar, Goch, und Sara Kohl, Rees.»

«Die nehmen wir uns nach dem Walther vor», sagte Ackermann. «Is' auf 'm Klassentreffen wat vorgefallen? Wat hattet ihr früher, wat habt ihr heut mit Huth zu tun?» Er schaute auf seine Uhr. «Ich muss los!»

Schnittges streckte die Hand aus. «Gib mir mal die Liste, Helmut. Ich übertrage die restlichen Namen.»

«Danke, dann suche ich mal die Namens- und Adressenlisten der Genossenschaftler raus.»

«Die habe ich schon hier auf meinem Schreibtisch», sagte Cox.

Die Genossenschaftler kamen nicht alle vom Niederrhein, Huth musste sein neuestes Projekt überregional beworben haben. Der Mann, der mit 300 000 Euro die höchste Einlage gemacht hatte, lebte in Frankfurt, ein weiterer, mit 100 000 Euro, in Utrecht.

«Vom Niederrhein sind hauptsächlich die Kleinanleger», erklärte Cox. «15 Leute mit der Mindesteinlage von 2500 Euro, 15 mit 12 500 und 5 mit 20 000. Macht 35, wenn man Astrid und Sofia mitzählt, 37.» Er schnalzte mit der Zunge. «Willst du von den beiden auch Speichelproben nehmen lassen?»

«Selbstverständlich», antwortete Toppe, ohne eine Miene zu verziehen. «Und von Christian auch.»

Ackermann brachte eine Riesentüte Croissants mit.

«Die Bäckerei neben de Sparkasse hatte grad aufgemacht.»

«Und?» Schnittges schaute ihn gespannt an.

«Tja, wie du et dir schon gedacht has', Bernie. Die Lady hat am Donnerstag angerufen un' gesagt, dat se am Freitag 100 000 in bar braucht. Die hat se dann auch abgeholt. Un' am Samstagabend hat se dann online 1 540 000 überwiesen auf ihr eigenes Konto bei der Deutschen Bank in – jetz' haltet euch fest – Buenos Aires!»

«Argentinien, wie langweilig», brummte Schnittges. «Dahin setzt sich doch jeder ab.»

«Moment mal», Cox runzelte die Stirn, «das kommt nicht hin, es waren über 2 Millionen auf den Konten.»

«Gut mitgedacht! Auf dem einen Konto hat se ja auch 409 342 Euro stehen lassen.»

«Was ist das denn für ein krummer Betrag?»

«Ich schätz ma', dat is' die Einlage vonne Asperger Bank. Die müssen umgerechnet 350 000 Pfund reingebuttert haben. Un' wenn die Pastorius dat Geld stehen lässt, hat se keinen Zugriff drauf gehabt, davon könnt er ausgehen. Mit de Aspergers muss et 'n Sondervertrag geben. Guck ich mir gleich ma' an.» Ackermann rieb sich die Hände. «Ich hab die Fahndung nach der Tusse übr'ens schon rausgegeben.»

«Ich rufe die Flughäfen an.» Cox griff zum Telefon. «Düsseldorf, Schiphol und Weeze erst mal.»

Toppe sagte nichts.

Er hatte Huths Leichnam am Tatort gesehen, und er war ganz sicher, dass der Täter oder die Täterin außer sich vor Wut gewesen war.

Die Pastorius aber hatte planvoll und ruhig gehandelt.

Oder war Huth ihr auf die Schliche gekommen und hatte ihr einen Strich durch die Rechnung machen wollen? Aber wieso waren sie dann ausgerechnet morgens um vier auf dieser Treppe aufeinandergetroffen?

Und wenn Huth ihr auf die Schliche gekommen war, hätte er sich dann in aller Gelassenheit auf einem Klassentreffen amüsiert? Sehr unwahrscheinlich.

Vielleicht hatten sie den Coup gemeinsam geplant und waren dann in Streit geraten. Huth hatte sich gewehrt.

Aber so recht vorstellen konnte er sich das nicht.

Und überhaupt, würde sich jemand, der auf dem Aktienmarkt immense Gewinne machte, mit zwei Millionen zufriedengeben, respektive einer Million, wenn die beiden das Ding gemeinsam gedreht hatten? Sehr unwahrscheinlich.

Aber gut, dass Huth Schwarzgeld gebunkert hatte, war bisher nur eine Vermutung von Jupp.

«Wir müssen beim LKA anrufen», sagte er und erntete verständnislose Blicke.

«Wegen dem Computerfachmann.»

«Ach so, dat hab ich schon erledigt. Der Wolfgang wollt sich gleich auffe Socken machen.»

«Wann machst du das eigentlich alles?» Schnittges klang ein bisschen gereizt.

«Ich telefonier beim Autofahren mit 'm Handy.» Ackermann grinste frech.

«Und wir müssen mehr über diese Frau wissen.» Toppes Gedanken waren schon weitergaloppiert. «Sie wohnt erst seit letztem November in Kleve. Wo hat sie vorher gelebt, wo hat sie gearbeitet? Was ist mit Familie, Freunden? Wo hat Huth sie kennengelernt?»

«Ich google sie mal.» Cox bearbeitete seine Tastatur.

«Wir könnten uns ihre Bude angucken», schlug Ackermann vor.

«Ich kümmere mich um den richterlichen Beschluss», sagte Bernie. «Der dürfte bei der Sachlage kein Problem sein.»

Toppes Telefon klingelte, es war der Pressesprecher. «Ich bin noch keine halbe Stunde im Dienst, und schon glühen hier die Drähte. Die Medien wollen neues Fressen.»

«Ich komme gleich runter zu dir.»

Toppe legte auf und schaute auf die Falltafel: «Klassentreffen», «Genossenschaften», «Saskia Pastorius».

«Wo fangen wir an?»

Benjamin Walther war ein unkomplizierter Mensch, der einem offen in die Augen schaute – und er redete gern.

Toppe und Schnittges trafen ihn im Büro der Baumschule seines Vaters, wo er einen Gartenplan zeichnete.

Von Huths gewaltsamem Tod hatte er heute früh aus der Zeitung erfahren. Er wirkte erschrocken und ein bisschen verwirrt, aber er gab nicht vor, tief betroffen zu sein.

«Wir haben uns nicht wirklich nahegestanden, dazu waren wir zu verschieden.»

«Und trotzdem haben Sie nach dem Klassentreffen noch bis vier Uhr morgens mit ihm zusammengesessen», hakte Schnittges nach.

Walther schmunzelte. «Na ja, Huth konnte ganz interessant erzählen, wenn ihm danach war. Er ist ja viel rumgekommen, Edinburgh, New York, Boston und London. Da hört so ein Landei wie ich schon mal gerne zu.»

Boston, dachte Toppe, ob Huth die Pastorius dort kennengelernt hatte? Sie war ja in Harvard gewesen.

«Aber eigentlich habe ich mich mehr für die anderen drei interessiert», fuhr Walther fort. «Der Jonas, zum Beispiel, galt in der Schule als Legastheniker, und ein paar von den Paukern haben ihm das Leben ganz schön schwer gemacht. Und heute ist er Arzt, zuerst bei ‹Ärzte ohne Grenzen› und jetzt an der Charité in Berlin. Das ist doch der Hammer! Und Annika und Jana sind jetzt ein Paar. Waren sie angeblich schon mal kurz zu Schulzeiten», er lachte auf, «aber davon hat so

170

ein Naivling wie ich natürlich nichts mitgekriegt. Die haben beide eine Ausbildung in der Gastronomie gemacht und sich dann nach Jahren auf irgendeinem Fortbildungsseminar wiedergetroffen. Und jetzt bringen die zusammen ein Landhotel ans Laufen.»

Von wegen «hanseatischer Geldadel» und Harvard-Studium!

Entweder hatte Huth Christian Toppe ein Lügenmärchen aufgetischt, oder er hatte sich selbst von der Pastorius einen Bären aufbinden lassen.

Peter Cox hatte sich die Ohren heiß telefoniert und bekam so langsam ein schlüssiges Bild:

Saskia Pastorius stammte zwar tatsächlich aus Hamburg, aber den «Geldadel» hatte sie nicht einmal aus der Ferne gesehen. Aufgewachsen war sie in einem der weniger edlen Viertel als Tochter einer Kellnerin, der Vater war unbekannt. Sie war wohl ein ganz pfiffiges Mädchen gewesen, hatte an einer Gesamtschule ein sehr gutes Abitur hingelegt, ein Stipendium für eine Fachhochschule ergattert und dort einen Abschluss in «Wirtschaft» gemacht.

Cox erreichte einen ihrer früheren Professoren, der gehört hatte, dass die Pastorius nach einer ganzen Reihe unbezahlter Praktika letztlich eine Anstellung bei der Bank of Scotland in London bekommen hatte.

Als er auflegte, überfiel ihn eine erste Schlafwelle, und er dehnte die verspannten Schultern.

Wo steckte diese Frau?

Bei den Fluggesellschaften war er keinen Schritt weitergekommen. Saskia Pastorius stand auf keiner Passagierliste, aber das musste nichts heißen. Jemand, der sich so dreist eine ganz neue Lebensgeschichte zusammenbastelte, würde wohl auch vor gefälschten Papieren nicht zurückschrecken.

Die Jungs von der Fahndung hatten ihr Handy kurz orten können, aber das Signal war schnell verschwunden; sie musste die SIM-Karte zerstört und entsorgt haben.

Die ganze Fahndung wäre einfacher, wenn man ein Foto von der Frau hätte. Na ja, vielleicht fanden Ackermann und van Gemmern eines in ihrer Wohnung, ansonsten sollten sich Astrid und Sofia an einem Phantombild versuchen.

Cox rieb sich die Augen, ließ den PC die Telefonnummer der Bank of Scotland in London finden und fragte sich bis zum Chef der Personalabteilung durch.

Richtig, Miss Pastorius war vom März 2008 bis zum August letzten Jahres als «Junior Assistant» bei ihnen beschäftigt gewesen – für sehr kleines Geld, wie sich herausstellte.

Er bedankte sich höflich und legte auf.

War Huth nicht auch in London gewesen? Vielleicht hatten sie sich dort getroffen.

Mist, er hätte den Personalchef fragen sollen!

Er gähnte ausgiebig, ging in den Waschraum, schwappte sich kaltes Wasser ins Gesicht, dann riss er im Büro alle Fenster auf.

In den Ordnern, die er unter «Qualifikationen und Zertifikate» abgelegt hatte, würde er bestimmt etwas über Huths Londoner Zeit finden.

«Und um vier hat der Wirt uns ein Taxi gerufen und uns vor die Tür gesetzt», erzählte Benjamin Walther. «Der Taxifahrer hat erst Jonas und die Damen beim Hotel ‹Cleve› abgesetzt und mich dann nach Pfalzdorf gebracht. Huth ist zu Fuß gegangen. Er sagte, er wohne jetzt am Marstall und müsse quasi nur noch die Treppe hochkrabbeln. Er hat uns noch zugewunken, dann hab ich ihn nicht mehr gesehen, es ist ja ziemlich dunkel da unten.»

«Waren noch andere Leute unterwegs?», fragte Schnittges.

«Um die Uhrzeit?» Walther schüttelte den Kopf. «Keine Menschenseele.»

«Hatte Huth an dem Abend mit irgendjemand eine Auseinandersetzung?», wollte Toppe wissen. «Ist Ihnen etwas Ungewöhnliches aufgefallen?»

Walther rollte den Bleistift, mit dem er eben gezeichnet hatte, auf der Tischplatte hin und her.

«Ich weiß nicht genau ... Als ich irgendwann mal vom Rauchen wieder hereinkam, da hab ich Marco und Huth im Gang vor den Toiletten gesehen. Marco hatte Huth bei seinen Designer-Revers gepackt und sah echt wütend aus, aber ich konnte nicht hören, was gesagt wurde.» Er schaute auf. «Ich habe mir nichts dabei gedacht, die beiden waren sich noch nie besonders grün. Huth hat Marco immer nur ‹unseren kleinen Gefühlskommunisten› genannt ... Das Ganze hat auch nicht lange gedauert, Huth kam gleich wieder an unseren Tisch zurück und war völlig normal.»

«Und Marco?»

Walther überlegte. «Ich weiß es nicht, ich glaube, den hab ich danach nicht mehr gesehen.»

«Wann war dieser Streit?», fragte Schnittges.

«Das kann ich beim besten Willen nicht mehr sagen, tut mir leid.»

«War Christian noch da?», half Toppe nach.

«Nein, der war schon länger weg.»

173

Toppe nickte, dann musste es nach ein Uhr gewesen sein. Er zog die Liste vom Klassentreffen aus der Tasche. «Sie sprechen von Marco Böhm?»

«Ja, genau», antwortete Walther und fuhr sich über die Augen. «Aber das war doch kein richtiger Streit ... Sie glauben doch nicht etwa ... Das ist doch Blödsinn!»

«Vermutlich», sagte Toppe. «Haben Sie noch Kontakt zu Böhm?»

Wieder schüttelte Walther den Kopf. «Ich wusste gar nicht, dass der wieder am Niederrhein ist. An dem Abend hab ich nur ganz kurz mit ihm gesprochen. Er hat mir erzählt, dass er Lehrer ist am Weißen Tor.» Er runzelte die Stirn. «Und ich glaube, die Eltern hatten früher eine Tischlerei. Oder war das ein Küchenstudio?»

Schnittges holte das Teströhrchen aus der Jacke.

«Wir hätten gern eine Speichelprobe von Ihnen.»

Einen Moment lang war Walther verblüfft, dann lachte er. «Wie im Fernsehen, dass mir so was mal passiert! Nur zu.»

FÜNFZEHN Ackermann hatte sich telefonisch mit Pastorius' Hausverwalter verabredet, der den Schlüssel zu ihrer Wohnung bringen sollte, aber als er am Haus ankam, war der Mann noch nicht da. Auch van Gemmern ließ sich nicht blicken.

Ungelenk ließ er sich auf der Eingangstreppe nieder und stützte den Kopf in die Hände.

Ob Pastorius und Huth die Chose zusammen ausgeheckt hatten? Denn so ganz koscher war Huth ja selbst nicht. Wieso hätte er sich sonst das Ding mit den Kleinstgenossenschaften ausgedacht? Da war die Pastorius noch gar nicht in Kleve gewesen. Konnte doch sein, dass er dieselbe Idee gehabt hatte und die Alte dann am Schluss schneller war. Andererseits hatte Huth vielleicht einfach keinen Bock auf tausend Vorstands- und Aufsichtsratssitzungen gehabt. Wenn einer alleine das Sagen hatte, ging doch alles viel schneller. Schon möglich, dass er gar nichts Böses im Schilde geführt hatte. Obwohl, der hätte der Frau doch nie die Vollmacht erteilt und damit genau das riskiert, was jetzt passiert war.

Er sprang auf, als ihm jemand auf die Schulter tippte.

«Du schläfst mit offenen Augen», brummte van Gemmern.

Ackermann schnappte nach Luft. «Mein Gott, Klaus, du kanns' doch 'n alten Mann nich' so erschrecken! Da kann man 'n Infarkt von kriegen.»

Van Gemmern hätte beinahe gegrinst. Er hielt ihm einen Schlüssel hin. «Hat mir der Hausverwalter gerade in die Hand gedrückt. Der hatte es eilig. Wir sollen ihn nachher einfach in den Briefkasten werfen. Hast du dich wieder beruhigt? Können wir reingehen?»

Ackermann streckte sich, Klaus hatte anscheinend einen gesprächigen Tag, wie schön.

«Mann, Mann, Mann, ich häng ganz schön inne Preise. Aber kein Wunder, ich bin seit gestern Morgen auffe Beine. Vielleich' hab ich ja Glück, un' 'ne Arrestzelle is' frei, wenn wir hier fertig sind. Dann hau ich mich ma' 'n Stündken auf't Ohr.»

Van Gemmern schloss die Haustür auf. «Ich habe in Huths Wohnung übrigens nur seine eigenen Fingerabdrücke gefunden», sagte er.

«Dat is' ja 'n Ding! Von wegen Freundin, wa? Un' ich hätt drauf gewettet, dat der 'ne Putzfrau hat.»

«Sollte man meinen, so sauber, wie es in der Wohnung ist. Und noch was, Jupp. Nachdem ich eure Berichte gelesen hatte, habe ich mal Huths Touareg unter die Lupe genommen. Am Wagen war das linke Bremslicht kaputt.»

Ackermann schaltete sofort. «Du meins', der Ludger hat dat gesehen un' wollt dem Huth Bescheid sagen?»

Van Gemmern nickte. «Das würde erklären, warum er so plötzlich rübergezogen ist und auf der Linie stand.»

«Ja, dat passt zum Ludger.» Ackermanns Augen wurden traurig. «Wie gemein ...»

Die Wohnung war so gut wie leer. Die wenigen Möbel, die es gab, waren neu und ausnahmslos von IKEA.

Im Wohnraum standen ein weißes Bücherregal, ein schwarzes Sofa mit einem kleinen Tisch davor, der gleiche Tisch in der Zimmerecke mit einem Fernseher darauf. Am Fenster eine Holzplatte auf zwei Böcken, darunter ein Blechcontainer mit sechs Schubfächern, ein Reißwolf und ein leerer Papierkorb, davor ein billiger Schreibtischstuhl.

Ackermann war fassungslos. «Die hat alles ausgeräumt!»

«Im Schlafzimmer sieht es genauso aus», sagte van Gemmern. «Leerer Kleiderschrank, leerer Nachttisch, abgezogenes Bett. Und sie hat verdammt gründlich geputzt, bevor sie sich aus dem Staub gemacht hat.»

Ackermann prustete. «Guter Witz!»

Van Gemmern verstand nicht.

«Na, dat mit dem Putzen un' dem Staub ... Meins' du, du findes' überhaupt wat für die DNA-Analyse?»

Van Gemmern zog finster die Stirn kraus. «Ich finde immer was.» Dann verschwand er im Badezimmer.

«Hängen da Handtücher?», rief Ackermann ihm hinterher.

«Nein, das wäre ja auch zu einfach.»

Ackermann öffnete die Schublade des Blechschränkchens – nichts, nicht einmal eine alte Büroklammer, der Reißwolf war ebenfalls geleert worden.

Auch die Küche war blitzsauber.

Er lief zur Badezimmertür. «Has' du 'n Paar von den dickeren Gummihandschuhen dabei?»

Van Gemmern schraubte gerade das Flusensieb am Waschbecken auf. «In meiner Tasche im Flur. Wozu brauchst du die?»

«Ich geh ma' raus zu de Mülltonnen un' wühl 'n bissken im Dreck. Der Abfalleimer inne Küche is' leer, un' ich kann mir, ehrlich gesagt, nich' vorstellen, dat die nasse Handtücher un' dreckige Bettwäsche mitgenommen hat.»

Aber das musste sie wohl getan haben. Die Mülltonnen waren anscheinend erst vor kurzem geleert worden. In der grauen Tonne lagen drei zugeknotete Mülltüten mit ganz normalen Haushaltsabfällen, in der grünen ein Stapel Zeitungen und zwei Pizzakartons, die braune Tonne war leer. Keine Bettwäsche, keine Handtücher, kein Papierabfall aus dem Reißwolf.

Er ging wieder hinein und stellte fest, dass wenigstens van Gemmern zufrieden zu sein schien.

«Zwei blonde Haare mit Wurzel im Siphon der Dusche, eins auf der Matratze», zählte er auf. «Und der Aufnehmer ist feucht, da könnten noch Hautschuppen anhaften. Außerdem nehmen wir den Staubsaugerbeutel mit.»

«Die hat nich' an den Staubsauger gedacht?» Ackermann staunte. «Un' ich wollt schon meinen Hut ziehen.»

Sebastian Huth war von 2006 bis 2009 bei der Bank of Scotland in London gewesen, stellte Cox fest. Und er hatte deutlich mehr verdient als die Pastorius, von den Sonderprämien mal ganz abgesehen. Banker hätte man werden sollen!

Also waren sich die beiden vermutlich dort über den Weg gelaufen.

Sein PC meldete ihm, dass eine Mail eingegangen war.

Sie kam von den Kollegen aus Berlin-Charlottenburg, die sich mit Jonas Klein unterhalten hatten.

Klein sei um vier Uhr mit einem Taxi vom «Königsgarten» zum Hotel «Cleve» gefahren, dafür gab es drei Zeugen, Annika Wulff, Jana Elbers und Benjamin Wather, die ebenfalls im Taxi gesessen hätten. Der Nachtportier müsse ihre Ankunft im Hotel bestätigen können. Um 8 Uhr 30 habe Klein gefrühstückt und dann den Zug nach Düsseldorf um 9 Uhr 49 genommen. Er hatte eine Speichelprobe abgegeben, die bereits unterwegs nach Emmerich war.

Auch die Kollegen aus Wiesbaden hatten sich gemeldet.

Jana Elbers und Annika Wulff berichteten ebenfalls von der Taxifahrt zusammen mit Jonas Klein und Benjamin Walther und verwiesen auf den Nachtportier. Die beiden Frauen hatten den Zug nach Krefeld um 14 Uhr 19 genommen. Auch ihre Speichelproben waren schon auf dem Weg.

Cox nahm seinen roten Filzstift aus der Schublade, mit dem er immer notierte, welche Dinge er noch überprüfen musste. «Nachtportier» und «Taxifahrer» schrieb er auf.

Er hörte ein Geräusch an der Tür, dann kam Marie Beauchamps buchstäblich hereingeweht.

Die Notizzettel, die auf Toppes Tisch gelegen hatten, wirbelten durchs Zimmer.

«Hier zieht's», stellte Marie munter fest und fing an, die Papiere einzusammeln.

Cox stand rasch auf und machte die Fenster zu.

«Hilft beim Wachbleiben», sagte er. «Morgen, Marie!»

Sie legte den Papierstapel wieder auf den Schreibtisch und lächelte. «Ich habe auch eine Nachtschicht hinter mir.»

«Dir sieht man das wenigstens nicht an.»

«Wie nett, danke.» Marie hielt ihm einen Umschlag hin. «Das Ergebnis der DNA-Analyse. Ich dachte, ihr wollt sicher sofort überprüfen, ob die DNA schon registriert ist.»

«Prima, da werde ich mich gleich drum kümmern.»

«Und das Labor hat sich auch schon gemeldet. Bei dem Hund handelt es sich um einen reinrassigen schwarzen Labrador.»

Cox griff noch einmal zu seinem roten Stift: «Labrador», «Hundehalter».

«Habt ihr schon Vergleichsproben?»

«Drei sind per Kurier auf dem Weg zu dir, und die anderen sind gerade dabei, noch ein paar einzusammeln. Für den Anfang werden es erst einmal zweiundzwanzig sein.»

Ackermann kam herein, einen sperrigen Plastikkorb vor dem Bauch.

«Na, dat trifft sich ja! Ich hab doch gesagt, dat is' der Mini von der Dokterin! Hier kommt 'n bissken Arbeit für dich.»

Er knallte die Kiste mit den asservierten Haaren, dem Aufnehmer und dem prallen Staubsaugerbeutel vor Cox auf den Tisch.

Der wich angewidert zurück, und Ackermann kicherte.

«Mann, wenn ich euch erzähl, wie die Bude von Madame P. aussieht ...»

Aber dazu kam er nicht, denn jetzt eilten auch Schnittges und Toppe herein.

«Hej!» Bernies Augen leuchteten auf. «Wir bringen dir Arbeit.» Er drückte Marie schnell einen Kuss auf die Wange und lief weiter zu seinem Computer. «Ich brauche die Nummer von den ‹Berufsbildenden Schulen› am Weißen Tor.»

Unter der auf Christians Liste angegebenen Telefonnummer von Marco Böhm hatte sich niemand gemeldet, und sein Handy war abgeschaltet.

Toppe schaute Ackermann und Cox an. «Habt ihr was Neues?»

«Aber hallo», rief Ackermann.

«Ja», antwortete Cox schlicht.

«Wartet ma', wartet ma'!» Ackermann war schon auf dem Weg zur Tür. «Ich hab Hunger wie 'n Wolf, ihr bestimmt auch. Ich mach uns schnell 'n paar Rühreier und 'n Humpen Kaffee. Dann können wir tagen.»

Marie legte das Teströhrchen, das Bernie ihr in die Hand gedrückt hatte, zu den anderen Sachen in den Korb und klemmte ihn sich unter den Arm.

«Dann lasse ich euch mal tagen. Ich melde mich, sobald ich was habe.»

Wenn Bernie Schnittges richtig müde war, konnte er sehr unleidlich werden. In seiner Familie wussten das alle und gingen ihm dann lieber aus dem Weg.

«Ich habe mich verhört, oder? Sie können Herrn Böhm nicht aus dem Unterricht holen?», fragte er eisig und fixierte den Rektor mit kleinen Augen.

Der wand sich noch. «Sie werden doch wohl eine halbe Stunde warten können, dann ist sowieso große Pause.»

«Wir sollen warten? Es geht um Mord, guter Mann. M-o-r-d, Mord!»

Es war ein Wunder, dass der Rektor sich nicht die Ohren zuhielt. «Einen Moment, bitte, ich werde persönlich ...»

«Sie persönlich? Na, ist das nicht phantastisch?» Jetzt war Schnittges wieder leiser.

«Sie können gern mit Herrn Böhm hier in meinem Büro …»

«Davon bin ich ausgegangen», schnitt ihm Bernie das Wort ab, knöpfte sein Jackett auf und ließ sich auf einen Stuhl fallen.

Toppe amüsierte sich still.

Marco Böhm hatte ein Vollmondgesicht mit engstehenden Augen und einem fleischigen Mund. Sein aschblondes Haar war fein wie Babyflaum.

Toppe ging die Sache direkt an. «Sie wissen, dass Ihr ehemaliger Klassenkamerad Sebastian Huth ermordet wurde?»

«Ja, es stand in der Zeitung.» Er sprach sehr leise.

«Wir brauchen eine Speichelprobe von Ihnen.»

«Ja, natürlich.»

Schnittges warf Toppe einen irritierten Blick zu, holte dann aber das Röhrchen mit dem Wattestäbchen aus der Tasche und nahm die Prozedur vor. Böhm kniff dabei die Augen zusammen.

«Setzen Sie sich doch», sagte Toppe, als Bernie das Namensschild aufgeklebt hatte.

Böhm schaute sich um und ließ sich schließlich unsicher auf der Kante des Rektorensessels nieder.

«Sie hatten auf dem Klassentreffen Streit mit Sebastian Huth», begann Toppe. «Warum?»

«Nein», antwortete Böhm, «aber ich hätte gern Streit mit ihm gehabt.» Er biss die Zähne zusammen. «Ich hätte ihm so gern die Fresse poliert, aber …» Er hob kurz die Schultern und ließ sie wieder fallen.

«Warum?»

«Weil Huth schuld daran ist, dass mein Vater keine Lust mehr am Leben hat.»

«Aber Sie haben ihm nicht die Fresse poliert.»

«Wie soll man einem Aal die Fresse polieren?»

«Aber erschlagen kann man einen Aal», stellte Schnittges fest.

Böhm zuckte nur die Achseln.

«Warum ist Huth schuld daran, dass Ihr Vater keine Lust mehr am Leben hat?», fragte Toppe.

«Weil mein lieber alter Herr für die Nobelwohnungen von Huths Scheiß-‹Vestobuild› die exklusiven Küchen gebaut hat, alles Maßarbeit, nur edelste Materialien. Ich habe ihn gewarnt, weil ich wusste, was Huth für ein Blender ist. Aber ich als kleiner Pauker verstehe ja nichts vom Geschäft.»

«Und dann hat Huth mit der ‹Vestobuild› Insolvenz angemeldet», sagte Toppe. «Wie viel Verlust hat Ihr Vater denn gemacht?»

«Darüber schweigt er sich aus. Aber es müssen über 200 000 sein. Auf alle Fälle so viel, dass er es in seinem Arbeitsleben nicht mehr erwirtschaften kann. Er ist nicht mehr er selbst und meine Mutter auch nicht.»

Ihm schossen Tränen in die Augen.

«Wenn ich gewusst hätte, dass Huth da sein würde, wäre ich nie auf dieses Klassentreffen gegangen, echt nicht. Ich war mir ganz sicher, dass er sich für so etwas mittlerweile zu fein ist.»

Er legte den Kopf in den Nacken und blinzelte die Tränen weg.

«Aber dann stolziert er da rum in seinem Armani-Anzug, mit seiner dicken Rolex, und amüsiert sich köstlich. Und mein

Vater muss unser Haus verkaufen, für das er sein Leben lang geschuftet hat.» Er schluckte. «Und als ich dann vor dem Klo auf ihn getroffen bin, habe ich rotgesehen und ihn mir gepackt. Er hat nur gelacht.»

Er ließ die Arme baumeln.

«Und ich bin nach Hause gegangen.»

«Um wie viel Uhr war das?»

«Das muss so um Viertel nach drei, halb vier gewesen sein.»

«Sie wohnen auf der Großen Straße, nicht wahr? Welchen Heimweg haben Sie genommen?»

«Die Treppen am Bleichenberg hoch.»

«Haben Sie dort irgendjemand gesehen?»

«Nein. Am Fischmarkt haben ein paar Jugendliche rumgegrölt, und dann war da ein Mann, der mit seinem Hund die Kirchstraße herunterkam. Sonst habe ich niemanden gesehen.»

«Können Sie den Mann beschreiben?»

«Nein, der war ja ein ganzes Stück weg, und ich habe auch kaum darauf geachtet.»

«Was war das für ein Hund?»

In Böhms Augen blitzte Interesse auf.

«Ich kenne mich mit Hunden nicht aus. Mittelgroß, würde ich sagen, schwarz oder vielleicht dunkelbraun.»

Endlich rutschte er von der Stuhlkante nach hinten. «Sie haben also bei Huth DNA-Spuren vom Täter gefunden», stellte er fest. «Und da ist auch ein Hund mit im Spiel.»

«Lassen Sie mich raten», Toppe steckte seinen Notizblock ein, «Sie sind leidenschaftlicher Krimileser.»

SECHZEHN Toppe schickte eine Streife mit Böhms Speichelprobe nach Emmerich, dann gingen sie hinauf ins Büro.

Cox saß über einen aufgeschlagenen Ordner gebeugt und listete etwas auf.

«Die Täter-DNA ist übrigens nicht in der Datenbank», sagte er und schaute sie aus rotgeränderten Augen an.

Schnittges seufzte resigniert.

«Inzwischen sind noch eine ganze Reihe von Mails von den Kollegen eingegangen, die die Leute vom Klassentreffen überprüft haben. Alle scheinen unverdächtig, und alle haben bereitwillig eine Speichelprobe abgegeben.» Er gähnte verstohlen. «Und wie sieht es mit diesem Böhm aus?»

Während Schnittges erzählte, trat Toppe an die Tafel und machte eine neue Spalte auf: «Vestobuild».

Cox nickte. «Den Ordner habe ich hier gerade vor mir liegen. Da sind fast dreißig Handwerker auf ihren Rechnungen sitzengeblieben. Ich schreibe die Namen gleich an die Tafel. Das Insolvenzverfahren ist allerdings noch nicht abgeschlossen.» Wieder gähnte er. «Ach, und noch was, der Mann vom

LKA hat Huths PC mitgenommen. Es sieht so aus, als hätte Jupp mit seiner Vermutung recht gehabt. Nach ersten Einschätzungen hatte Huth an die sechs Millionen Schwarzgeld gebunkert.»

Bernie stieß einen Pfiff aus. «Nicht schlecht! Apropos Jupp, wo steckt der eigentlich?»

«Der wollte sich im Arrest ein Stündchen hinlegen. Er müsste gleich wiederauftauchen.»

Toppe betrachtete ihn. «Ich finde, du solltest auch eine Auszeit nehmen.»

«Ich kann auf diesen Pritschen nicht schlafen», antwortete Cox. «Außerdem war die ganze Zeit so viel los.»

Wie auf Kommando klingelte das Telefon.

Cox nahm ab und zückte gleichzeitig einen Stift.

«Das war Marie», erklärte er, nachdem er aufgelegt hatte. «Sie hat die ersten DNA-Vergleiche gemacht. Bei Benjamin Walther gibt es keine Übereinstimmung, und die Pastorius ist auch ganz eindeutig nicht unsere Täterin.»

«Gott sei's gelobt, getrommelt und gepfiffen!» Bernie legte den Kopf in den Nacken und breitete die Arme aus. Dann schaute er Toppe an. «Jetzt können wir die Dame doch getrost an die Freunde vom Betrug weitergeben, oder?»

Auch Toppe war erleichtert. «Und zwar sofort.» Er wischte den Namen «Pastorius» von der Tafel.

«Ich bin wieder topfit, Jungs!» Ackermann war hereingekommen. «Wo steht dat Klavier?»

Sie stellten die nächsten Schritte zusammen:

Böhms Vater musste überprüft werden. Wenn er wegen der «Vestobuild»-Pleite tatsächlich sein Haus verkaufen musste, hatte er allen Grund gehabt, Huth die Pest an den Hals zu wünschen. Auch die anderen geschädigten Handwerker mussten nach ihren Alibis für die Tatzeit befragt werden.

Sie brauchten Speichelproben von Tessa Liebeton, Lisa Matenaar und Sara Kohl, den Frauen aus Huths Klasse, die noch am Niederrhein wohnten.

Und dann waren da noch die Genossenschaftler …

«Du hast für 17 Uhr 'ne PK angesetzt, Helmut», meinte Ackermann unglücklich. «Da müssen wir au' noch überlegen, wat wir sagen wollen.»

Toppe schaute auf die Uhr, es war kurz nach zwei.

«Vor allem brauchen wir Schlaf. Ich schlage vor, dass zwei von uns jetzt nach Hause fahren und sich ein paar Stunden aufs Ohr legen, danach wechseln wir.»

Die anderen schauten ihn dankbar an, aber keiner wollte den Anfang machen, sodass Toppe schließlich ein Machtwort sprach.

Cox' und Toppes Frauen waren beide selbst bei der Kripo gewesen und kannten die Routine bei einem Mordfall in den ersten Tagen. Schlaf gestattete man sich nur, wenn das Hirn nicht mehr so funktionierte, wie es sollte.

Astrid stellte Toppe einen Teller Suppe hin – sie wusste, dass er zu essen vergaß, wenn er gestresst war – und ging, um sein Bett aufzuschlagen.

Penny hatte das Schlafzimmer gründlich gelüftet und dafür gesorgt, dass die Raumtemperatur bei exakt 18 Grad lag, so wie Peter es am liebsten mochte.

Auf Bernie Schnittges wartete niemand, Marie würde noch tagelang mit den DNA-Abgleichen zu tun haben. Als er ins Bett kroch, fragte er sich, ob sie wohl die Möglichkeit hatte, sich zwischendurch einmal hinzulegen. Er beschloss, sie anzurufen und zu fragen – und war schon eingeschlafen.

Auch Guusje Ackermann kannte den Kripo-Alltag seit über dreißig Jahren und wollte dafür sorgen, dass ihr Jupp seine Ruhe bekam, aber sie war nicht schnell genug.

Joke fing ihren Vater ab, kaum dass er zur Tür hereingekommen war: «Hör mal, Papilein ...»

Ackermann streckte mit glasigen Augen den Arm aus. «Geh weg, du fiese Hexe.» Und verschwand im Schlafzimmer.

«Die Rufumleitung steht», sagte Cox. «Wir können los.»

Toppe und er hatten die Pressekonferenz erstaunlich gut hinter sich gebracht und wollten jetzt zu Böhms Vater und danach zu den drei Frauen aus Huths Abiklasse.

Die Anrufe, die heute Abend noch im Büro ankamen, würden auf Cox' Handy umgeleitet, das jetzt prompt klingelte.

Es war der Wachhabende. «Hier ist eine Frau Neumann, die Anzeige erstatten will gegen die Pastorius.»

«Wir haben die Akte an den Betrug weitergegeben.»

«Das weiß ich, aber bei denen ist keiner mehr.»

«Dann schick sie in Gottes Namen hoch.»

Helene Neumann, eine Frau von Mitte sechzig, die viel Wert auf teure Mode zu legen schien, kam hereingerauscht.

«Ich weiß aus sicherer Quelle, dass Frau Pastorius sich mit dem Genossenschaftsvermögen ins Ausland abgesetzt hat», legte sie gleich los, ohne sich mit irgendwelchen Begrüßungsfloskeln aufzuhalten.

«Guten Abend, nehmen Sie doch Platz», forderte Toppe sie nüchtern auf.

Sie setzte sich hastig und redete schon weiter: «Erwarten Sie nicht, dass ich Ihnen Namen nenne, nur so viel: Mein Mann und ich sind seit vielen Jahren mit den maßgeblichen Herren der hiesigen führenden Banken befreundet.»

«Frau Neumann», unterbrach Toppe sie. «Wir sind im Fall ‹Pastorius› nicht zuständig. Wenn Sie Anzeige erstatten wollen, müssen Sie sich morgen an die Kollegen vom Betrugsdezernat wenden.»

Mit einer harschen Bewegung wischte sie die Bemerkung weg. «Mein Mann und ich könnten einen möglichen finanziellen Verlust selbstverständlich verschmerzen, aber man trägt ja auch Verantwortung für seine Mitmenschen.»

Was für eine Schnepfe, dachte Cox.

«Da ist nämlich die Familie Kempkens – ganz einfache Leute –, die bereits ihr Eigenheim verkauft und den größten Teil des Erlöses in die Genossenschaft eingebracht hat. Was wird jetzt aus diesen Menschen?»

«Nun, zunächst einmal sollte die Familie Kempkens selbst Anzeige erstatten.»

«Dazu werde ich sie schon noch bringen!» Sie legte die Hände übereinander. «Also, was können Sie mir über den Verbleib dieser Kriminellen sagen?»

«Gar nichts», antwortete Toppe. «Wie gesagt, Sie müssen sich an das Betrugsdezernat wenden. Ich bezweifle allerdings, dass man Ihnen Auskünfte über laufende Ermittlungen geben wird.»

In der Nacht von Dienstag auf Mittwoch stieg die Temperatur um 12 Grad, und es sollte noch wärmer werden.

Das Wetter machte die Menschen unduldsam und gereizt.

Van Gemmern fuhr immer noch durch den Kreis und untersuchte Audi- und Mercedeslimousinen nach Korditspuren im Innenraum.

Toppe, Cox, Schnittges und Ackermann waren fast die ganze Zeit unterwegs, überprüften Alibis und sammelten Speichelproben. Ins Präsidium kamen sie immer nur kurz, um ihre Berichte zu schreiben. Nur Cox blieb schon am frühen Abend im Büro, vervollständigte die Akten und versuchte, den Überblick zu behalten.

Am Mittwoch um die Mittagszeit waren tatsächlich einmal alle gleichzeitig im Büro.

Sie standen vor der großen Falltafel und überlegten, welche Leute sie als Nächstes aufsuchen wollten.

Toppe legte den Finger auf einen Namen in der Spalte «Vestobuild»: Andreas Holtermann. «Exklusive Bodenbeläge, Mosaiken», hatte Cox daneben notiert.

«Erinnerst du dich an die schönen Fußböden in Evers' Wohnung, Bernie? Die wird der wahrscheinlich gemacht haben», sagte Toppe. «Ich habe den Mann neulich auf Sofias Vernissage gesehen. Der ist der Vorsitzende von den Museumsfreunden, glaube ich.»

«Kennt Sofia ihn näher?», wollte Schnittges wissen.

«Ich frage sie mal.»

Cox interessierte sich für einen Fliesenleger, Henrik ter Linden.

«Der ist Jahrgang 78, kann also noch nicht lange selbständig gewesen sein, als er Huths Auftrag angenommen hat. Und er ist auf einem dicken Verlust sitzengeblieben. Ich kann mir nicht vorstellen, dass seine Firma das überlebt hat.»

Dann fiel ihm etwas anderes ein. «Da war noch was. Wartet, ich hole mal eben meine Rote Liste, bevor wir was übersehen.»

Es war ein Segen, dass sie die DNA des Täters hatten und Marie so unermüdlich war. Mittlerweile konnten sie auch Jonas Klein, Marco Böhm, Jana Elbers und Annika Wulff sicher als Täter ausschließen.

Bisher hatte sich nur ein Einziger geweigert, seine Speichelprobe abzugeben, der Sohn des Ehepaares Kempkens.

Stefan Kempkens arbeitete bei einem privaten Sicherheitsdienst in Duisburg und erfüllte jedes Klischee: Er war groß, breit, stiernackig und sehr stark.

Schnittges, der sich zuerst mit dem Ehepaar und dann mit dem Sohn unterhalten hatte, war es schleierhaft, wie diese bescheidenen und eher stillen Leute einen solchen Sprössling hervorgebracht hatten. Stefan Kempkens liebte seine Eltern bedingungslos, und er hasste Huth.

Cox hatte seine Liste gefunden. «Hier», sagte er. «Wir haben Kempkens' Alibi noch nicht überprüft.»

«Gottverdorri, der Staatsanwalt kann den Speicheltest doch einfach anordnen», maulte Ackermann, der keine Lust hatte, nach Duisburg zu fahren.

Cox verdrehte die Augen. «Du weißt genau, dass er dafür einen berechtigten Anfangsverdacht braucht.»

«Und deshalb müssen wir sein Alibi überprüfen.» Auch Schnittges klang ungeduldig. «Ich melde mich freiwillig.»

Ackermann blieb unwirsch.

Er war heute Morgen an der Stadthalle vorbeigefahren. Die DHM hatte schon Banner aufgehängt: *Für eine sichere Freiheit, Kultur ist immer Leitkultur.*

Er wäre jetzt viel lieber bei den Vorbereitungen für die Demo dabei gewesen.

Es wurde immer schwieriger, zu den Leuten zu kommen, die sie befragen mussten.

In der Stadt wurden schon die Absperrgitter abgeladen, damit man sie am Samstag nur noch in Position bringen musste.

Rund um die Stadthalle war kein Durchkommen, und auch an den Zufahrtsstraßen in die Stadt, wo die Sperrgitter an Freytags «äußerem Ring» die Demonstranten aufhalten sollten, kam es zu langen Staus.

Ackermann wurde gleich zweimal von der Bundespolizei kontrolliert.

Am Donnerstag früh ging am Rathaus gar nichts mehr weiter, sodass Toppe schließlich ausstieg, um sich zu erkundigen, was los war.

Für den Gastredner der ultrarechten Partei aus den Niederlanden hatte Freytags Truppe einen besonders gesicherten Zufahrtsweg ausgeklügelt, der ausgerechnet durch eine Wohnstraße führte. Die Anwohner, die nicht damit einverstanden waren, dass ihre kleinen Kinder durch bis an die Zähne bewaffnete schwarze Männer in Angst und Schrecken versetzt wurden, hatten sich zu einer spontanen Protestkundgebung entschlossen.

Und RTL schnitt alles mit.

SIEBZEHN Und dann traf Karsten Freytag eine einsame Entscheidung:

Er wies seine Leute an, mit der Durchsuchung der Wohnungen der Bürger islamischen Glaubens nach Waffen und Sprengstoff schon am Donnerstag zu beginnen.

Toppe beobachtete vom Bürofenster aus, wie über hundert Bundespolizisten samt Hundestaffel ausrückten.

«Was ist denn jetzt los?»

Ackermann trat neben ihn. «Moslemhatz. Die wollen doch die Bombennester vonne Salafisten ausheben.»

«Heute schon?» Auch Schnittges schaute sich das Spektakel an. «Wenn das mal keinen Ärger gibt.»

«Da kannste aber Gift drauf nehmen. Sag mal, Chef», wandte Ackermann sich an Toppe, «könnt ich ma' für zwei Stündkes verschwinden? Freytag hat die Busparkplätze für de Demonstranten, die vonne A 57 un' aus Holland kommen, am ‹Englischen Friedhof› eingerichtet. Dat is' viel zu weit. Bis zur ‹Linde› laufen die Leute locker 'ne Stunde. Die sind ja schon kaputt, bevor die Demo überhaupt losgeht.»

«Ja, fahr nur, Jupp. Und leg deinen Dienstausweis hinter die Windschutzscheibe, vielleicht kommst du dann leichter durch.»

Ackermann lachte bitter. «Dat hab ich heute Morgen schon gemacht, hat mir aber auch nix geholfen. Ich kam gar nich' erst aus Kranenburg raus, da hatten se mich schon. War wie damals inne RAF-Zeit: Hände auf et Dach, Beine aus'nander. Wie die meine Dienstpistole entdeckt haben, hab ich mir fast inne Buxe gemacht.»

Er seufzte. «Dann mach ich mich ma' auffe Socken.»

Die anderen setzten sich wieder und überlegten, was zu tun war.

Mit Stefan Kempkens Alibi stimmte etwas nicht.

Er hatte angegeben, dass er am Samstag bei einem Bundesligaspiel auf Schalke eingesetzt gewesen war, das hatte sein Chef in Duisburg bestätigt.

Da Kempkens am Sonntag für die Sicherheit bei einem Heimspiel des FC Kleve sorgen sollte – das tat er angeblich unentgeltlich, weil der Verein ihm so am Herzen lag –, hatte er bei seinen Eltern übernachtet und nicht in seiner Wohnung in der Bürgerstraße in Neudorf.

Am Samstagabend hatte er mit seiner Familie «lecker gegessen und dann Fernsehen geguckt» und war früh schlafen gegangen. Genauso hatten es seine Eltern auch bestätigt.

«Warum habe ich das Gefühl, dass Sie mir nicht die Wahrheit sagen?», hatte Schnittges sie gefragt. Der Vater war blass geworden, die Mutter rot. «Wir sind ehrliche Leute», hatte sie dann trotzig geantwortet.

«Die Eltern wohnen im ‹Mausgarten›, das ist eine überschaubare Straße», erzählte Bernie. «Kempkens fährt einen dicken Geländewagen. Wenn der am Sonntagvormittag dort geparkt war, müssen die Nachbarn das bemerkt haben.»

Toppe krempelte seine Ärmel hoch, er hätte etwas Dünneres anziehen sollen, er schwitzte jetzt schon, dabei war es erst zehn Uhr. «Dann lass uns gehen, zu Fuß sind wir wahrscheinlich am schnellsten.»

Sie nahmen den Weg über den Campus, wo es ziemlich ruhig war, aber schon an der «Deutschen Bank» kamen ihnen Menschen entgegengelaufen.

Vor dem «Kaufhof» stand ein Einsatzwagen, weiter oben am «Elsabrunnen» ein zweiter. Bundespolizisten schwärmten aus, Hunde bellten.

Passanten, die Besorgungen machten oder einfach nur bummeln wollten, flüchteten kopflos in Ladeneingänge und die Seitenstraßen hinauf.

Einige wenige standen wie erstarrt.

Nur die Fotografen der lokalen Presse liefen herum und setzten alles daran, «gute Bilder» zu bekommen.

Toppe entdeckte auch zwei Journalisten, die versuchten, die Polizisten anzusprechen. Sie wurden grob beiseitegeschoben.

Mitten auf der Straße stand ein kleiner Junge und schrie. Bernie wollte zu ihm, aber die Mutter kam schon gerannt. Statt ihn auf den Arm zu nehmen, brüllte sie ihn an: «Du sollst immer an Muttis Hand bleiben!»

Die bewaffneten Männer und ihre Hunde verschwanden nach und nach in verschiedenen Häusern und ließen jeweils zwei Wachen vor den Eingängen zurück.

So langsam trauten sich die ersten Leute wieder aus den Läden heraus.

«Die suchen bestimmt den Mörder», sagte jemand.

Der Pressesprecher rief Cox an. «Was, um Himmels willen, soll ich den Leuten sagen?»

«Warum fragst du mich das?», gab Cox entnervt zurück. «Die sollen sich an Freytag wenden.»

«Der hat mir aber ausdrücklich gesagt, dass er für einen Kommentar nicht zur Verfügung steht.» Dann, mit leiser Stimme: «Hör zu, Peter, bei mir sind die beiden Chefredakteure unserer Blätter. Du weißt, die sind in Ordnung.»

Jetzt traf auch Cox eine einsame Entscheidung.

«Ich komme.»

In den beiden Redaktionen waren etliche Anrufe muslimischer Klever eingegangen, die berichteten, dass ihre Wohnungen durchsucht wurden, auch der Imam hatte sich gemeldet.

«Bedeutet das, dass Sie den Mörder von Sebastian Huth in islamischen Kreisen vermuten?», fragte der Mann von der «Niederrhein Post».

Cox mochte es kaum glauben. «Diese Aktion hat mit dem Mord überhaupt nichts zu tun», sagte er und hatte Mühe, seine Wut nicht zu zeigen. «Und sie geht einzig und allein auf die Kappe des Verfassungsschutzes!»

Die Journalisten waren nicht auf den Kopf gefallen.

«Dann muss es um die Gegendemo gehen.»

«Es werden Hunde eingesetzt. Sucht man nach Sprengstoff?»

«Werden Radikale erwartet?»

Cox zuckte die Achseln. «Wie sagt man so schön? Das entzieht sich meiner Kenntnis.»

«Auch ich», begann der Pressesprecher, «auch wir wurden nicht informiert.»

«Wer zeichnet denn verantwortlich?»

«Karsten Freytag», antwortete Cox ohne Zögern und machte eine schnelle Kopfbewegung. «Im Büro von Helmut Toppe. Aber darauf sind Sie ganz allein gekommen, nicht wahr?»

Die beiden Redakteure grinsten und machten sich auf den Weg zum Verwaltungsgebäude.

Der Pressesprecher wischte sich den Schweiß von der Stirn. «Der Graue Star nimmt mich in der Luft auseinander», seufzte er. «Vielleicht lässt er mich sogar suspendieren.»

«Dummes Zeug», sagte Cox. «Du hast die doch gar nicht hereinkommen sehen, weil du gerade auf der Toilette warst. Das kann ich jederzeit bestätigen.»

«Und ich auch.» Der Wachhabende hatte selbstverständlich alles mitbekommen.

Im «Mausgarten» wohnten viele Rentner, sodass sie die meisten Nachbarn um diese Uhrzeit antrafen.

Keiner von ihnen hatte Kempkens' Geländewagen am letzten Wochenende gesehen.

Sie klingelten auch bei den Eltern, aber es machte keiner auf.

«Die sind bestimmt zu Hause», mutmaßte Schnittges. «Was versuchen die nur zu verbergen?»

«Meistens ist es etwas so Banales, dass wir nicht draufkommen», sagte Toppe. «Etwas, das ihnen peinlich ist, zum Beispiel.» Er blieb stehen und lehnte sich gegen ein Gartentor.

197

«Aber ist Stefan Kempkens tatsächlich unser Mann? Was sagt dir dein Gefühl?»

Auch Bernie blieb stehen und überlegte. Dann schüttelte er langsam den Kopf. «Woher hätte Kempkens von dem Klassentreffen wissen sollen? Und wenn, dann hätte er auch noch wissen müssen, wo Huth wohnte und welchen Heimweg er nehmen würde.»

Toppe nickte. «Natürlich kann man das alles herausfinden, aber ... Ich meine, ich habe nicht selbst mit Kempkens gesprochen, doch so, wie du ihn geschildert hast ... Geht dieser Mann planvoll vor? Hat er die Geduld, acht Stunden zu warten, bis ihm sein Opfer endlich in die Arme läuft?» Er setzte sich wieder in Bewegung. «Wie auch immer, sein Alibi ist nichts wert. Also soll der Staatsanwalt die Speichelprobe anordnen. Ich schlage vor, wir gehen auf dem Rückweg persönlich bei ihm vorbei.»

«Einverstanden», sagte Bernie. «Und wenn er grünes Licht gibt, fahre ich sofort nach Duisburg und hole mir die Probe.» Und er würde sie auch gleich in die Pathologie bringen, dann konnte er Marie wenigstens mal kurz in den Arm nehmen.

An der Kreuzung am «Stein-Gymnasium» war der Verkehr völlig zum Erliegen gekommen.

Auch hier stand auf der Wiese gegenüber der Schule ein Bus der Bundespolizei, auch hier liefen Hundeführer herum, und alle wollten sehen, was da eigentlich los war, und hatten einfach angehalten.

Es herrschte ein entsetzlicher Lärm, denn die Autofahrer, die weiter unten auf der Gruftstraße und hinten auf der Ringstraße standen und nicht sehen konnten, warum es weder vor noch zurück ging, hupten, was das Zeug hielt.

Und jetzt stiegen auch schon die Ersten aus, um sich einen Überblick zu verschaffen.

Schnittges zückte sein Handy. «Ich rufe die Kollegen.»

Freytag hatte den «Überfall» der Journalisten locker abgefedert.

«Jeder Bürger unseres Landes hat das verbriefte Recht, den Schutz seiner unteilbaren Menschenrechte einzufordern. Es ist Aufgabe des Verfassungsschutzes, diese Rechte zu schützen und die Sicherheit der Bürger zu garantieren.» So stand es am Freitag im Lokalteil zu lesen.

«Wenn bestimmte Bevölkerungsgruppen, wie etwa islamische Fundamentalisten, Bürgerrechte und Sicherheit gefährden, müssen wir selbstverständlich schon im Vorfeld Maßnahmen ergreifen.

Und ich kann Ihnen versichern, dass es eindeutige Hinweise auf eine Gefährdung gegeben hat. Nach dem derzeitigen Ermittlungsstand kann ein Zusammenhang zwischen dem Mord an dem jungen Parteivorsitzenden und dem Parteitag nicht sicher ausgeschlossen werden», wurde er unter der Überschrift «Das ist nicht hinnehmbar» zitiert.

Die Unterzeile lautete: «Weder Waffen noch Sprengstoff gefunden».

Auch ein muslimischer Mitbürger, der die Aktion nicht einfach so hinnehmen wollte, kam zu Wort: «Ich behalte mir rechtliche Schritte vor.»

Der Artikel endete mit den Sätzen: «Mag sein, dass der Verfassungsschutz mit seiner Aktion die Klever Bürger schützen wollte – das Zusammenleben der Klever hat er dadurch zutiefst gestört. In Kleve leben Menschen aus 127 Nationen friedlich miteinander, und das bleibt auch so – trotz des DHM-Parteitags.»

An diesem Abend konnte Toppe lange nicht einschlafen.

Lagen sie wirklich richtig mit ihrer Annahme, dass Ludger Evers nur ein Zufallsopfer gewesen war, dass der Täter es eigentlich auf Huth abgesehen hatte? Aber warum hatte er dann nicht auch Huth erschossen?

Weil er ihm nur zufällig über den Weg gelaufen war? Und er seine Waffe nicht bei sich gehabt hatte?

Um vier Uhr morgens?

Astrid setzte sich schließlich seufzend auf. «Soll ich dir einen Kakao machen?»

«Tut mir leid.» Er drehte sich zu ihr herum und lächelte. «Ich komme schon noch zur Ruhe, schlaf einfach.»

Am Samstagmorgen lag die Temperatur schon um halb neun bei über zwanzig Grad, aber die Sonne versteckte sich hinter einer dicken Wolkendecke, und es war drückend schwül.

Ackermann und Schnittges kamen gleichzeitig mit Toppe am Präsidium an.

«Ich hab euch wat mitgebracht!» Ackermann schwenkte ein paar Zeitungen.

«Ich auch», meinte Bernie dumpf.

Cox saß schon im Büro. «Marie hat sich gerade gemeldet. Kein Treffer bei der DNA-Analyse. Was auch immer dieser Stefan Kempkens zu verbergen hat, unser Täter ist er nicht.»

Keiner sagte etwas.

Bernie fuhr seinen PC hoch, es dauerte ein paar Minuten, bis er gefunden hatte, was er suchte.

«Hört euch das mal an, aus der ‹Norddeutschen›:

‹Das Spiel folgt den immer gleichen Regeln. Nicht die alten Spießgesellen vom rechten Rand der Gesellschaft stellen die Unteilbarkeit von Menschen- und Bürgerrechten und das friedvolle Miteinander in Frage. Nein, jedwede Kritik an ihrer Weltsicht kehren sie um zu einer fundamentalen Bedrohung von Existenz und Kultur. Und wer eignet sich in diesem Spiel von Misstrauen, Wut und Angst als Feindbild besser als der Islam?

Weder Nationalität noch Herkunft, weder Beruf noch Geschlecht spielen eine Rolle; die Identität wird auf die Zugehörigkeit zu einer bestimmten Glaubensrichtung reduziert.

Den Herren Spießgesellen von der DHM sei gesagt: Das Bild vom hasserfüllten Bartträger, das Sie zeichnen, stellt die eigentliche Gefahr für ein friedliches Miteinander dar und nicht die Menschen selbst.›»

«Na super, der Verfassungsschutz als Handlanger der DHM», knurrte Cox.

«Der Mensch hat doch recht.» Toppe machte das Fenster auf und holte eine zerknautschte Zigarettenschachtel aus seiner Hosentasche.

Cox warf Schnittges einen fragenden Blick zu.

Der zuckte die Achseln. «Er will wieder mit dem Rauchen anfangen», bemerkte er leise.

«Aber doch nicht im Büro», gab Cox genauso leise zurück.

«Ist ja schon gut!» Gereizt knallte Toppe das Fenster wieder zu.

«Wir gehen gleich zusammen unten eine schmoken», trös-

201

tete Ackermann schnell, «aber ers' ma' muss ich euch auch
wat vorlesen.»

Er schlug eine niederländische Zeitung auf. «Hat mein
Weib abonniert.»

Sein Blick glitt über die zweite Seite. «'n Kommentar von
diesem Bekloppten, der heut auf 'm Parteitag dat Grußwort
spricht. Ich übersetz euch dat ma': Die Ereignisse in Deutschland rund um einen ganz normalen Parteitag belegen doch
eindeutig, dass die Auffassung meiner Partei und die der deutschen Freunde, was die Islamisierung Europas betrifft, richtig
ist. Wir müssen uns alle gemeinsam gegen eine Überfremdung
durch den Islam wehren. Ich kann die Aktion der deutschen
Staatskräfte nur vehement unterstützen.»

«Mir wird übel.» Jetzt war es Bernie, der das Fenster aufriss.
«Das Wetter macht einen ganz verrückt.»

«Die haben Gewitter angekündigt», sagte Cox.

Ackermann war noch nicht fertig. «Un' dat liebste Blatt des
Deutschen hab ich grad extra noch anne Tanke geholt: ‹Kleve
im Fadenkreuz des Terrors – eine Stadt in Angst.

Nach dem schrecklichen Mord an Sebastian H. (33), dem
Vorsitzenden der DHM, ist in der beschaulichen Stadt am Niederrhein nichts mehr, wie es war. Denn: Erste Spuren führen
in das Umfeld islamistischer Terroristen. Ganz Kleve fragt
sich: Wird es weitere Anschläge geben? Ein Großaufgebot der
Bundespolizei …›»

Mit zwei raschen Schritten war Toppe bei ihm, hatte ihm
die Zeitung aus der Hand genommen und im nächsten Papierkorb versenkt.

«Musst du dich nicht um die Demo kümmern?»

ACHTZEHN Es war kurz nach zwölf, als van Gemmerns Anruf kam.

«Stell mich mal auf Lautsprecher», sagte er zu Cox und dann: «Ich habe den Wagen gefunden, aus dem auf Evers geschossen wurde, ein schwarzer Audi.»

Sie schauten sich sprachlos an. Keiner von ihnen hatte in den letzten Tagen daran gedacht, dass die Kriminaltechnik immer noch auf der Suche nach dem Auto war, und eigentlich hatten sie wohl auch nicht mehr damit gerechnet, dass diese Spur zu einem Ergebnis führen könnte.

«Eindeutige Korditspuren im Innenraum», fuhr van Gemmern fort. «Aber noch aufschlussreicher ist der Inhalt des Handschuhfachs: mehrere Packungen .38 special Wadcutter, genau die Munition, mit der Evers erschossen wurde. Leider fehlt die Waffe.» Er räusperte sich. «Der Wagen gehört einem Andreas Holtermann.»

Alle Blicke flogen zur Tafel: Andreas Holtermann, einer der Geschädigten in der «Vestobuild»-Pleite.

«Er wohnt am Prinzenhof. Ich bin hier in seiner Garage.

Da gibt es nur ein Problem, der Mann ist verschwunden. Vorhin hat er mir noch ganz freundlich die Tür geöffnet und mich bereitwillig in seine Garage gelassen, aber dann hat er sich wohl aus dem Staub gemacht. Seinen Hund hat er hier gelassen. Der ist hinterm Haus an einem Baum angebunden und kläfft sich die Seele aus dem Leib, ein schwarzer Labrador, übrigens.»

Toppe und Schnittges wechselten einen schnellen Blick.

«Der Mann mit dem Hund, von dem Böhm gesprochen hat ...», murmelte Bernie.

«... der die Kirchstraße herunterkam», vollendete Toppe den Satz.

Wenn der Mann auf dem Heimweg zum Prinzenhof gewesen war, wäre er am Elsabrunnen vorbei die Schlossstraße hochgegangen und dann an der Treppe auf Huth getroffen – die Uhrzeit passte.

«Ich werde die Garage versiegeln», brachte van Gemmern sich wieder in Erinnerung. «Mir wäre es zwar lieber, ich könnte den Wagen einschleppen lassen, aber im Augenblick ist ja in der Stadt kein Durchkommen. Will sich einer von euch das hier noch anschauen?»

«Ich kann in zehn Minuten da sein.» Schnittges war schon aufgestanden.

Toppe dachte an Sofias Vernissage. Für ihn hatte sich Holtermann vollkommen normal verhalten, hatte nett und entspannt mit allen möglichen Leuten geplaudert, und wenn er sich nicht täuschte, auch mit Sebastian Huth. Und das, nachdem er nur einen Tag zuvor versucht hatte, ihn umzubringen? Das war schon ziemlich bizarr.

«Wir brauchen ein Foto von Holtermann, das wir mög-

204

lichst sofort an alle Kollegen in der Stadt verteilen können»,
riss Bernie ihn aus seinen Gedanken.

«Bei dem Aufgebot heute stehen die Chancen nicht
schlecht, dass er jemandem von uns über den Weg läuft.»

Schnittges fuhr sich durchs Haar. «Und außerdem brauchen
wir Jupp und seine legendären Kontakte. Ich rufe ihn an.»

Ackermann hatte sich vor einer halben Stunde gemeldet.
«Die Kollegen schätzen, dat um die 10 000 gekommen sind,
aber ich glaub, dat sind noch mehr», hatte er begeistert berichtet. «Läuft alles wie am Schnürchen, un' die Stimmung
is' super. Von wegen Salafisten un' Bomben! Die Leute sind
am Singen ‹Ihr könnt nach Hause gehen› un' so Sachen, total
Klasse.»

Toppe nickte Bernie zu und griff zum Telefon – Sofia würde
ihm bestimmt etwas über Andreas Holtermann erzählen können –, aber Cox hielt ihn zurück.

«Mit einem Foto kann ich dienen», sagte er und zeigte auf
seinen Monitor. «Holtermann hat eine eigene Website.» Er
beugte sich zum Bildschirm vor und blinzelte. «Die ist allerdings seit mehr als einem Jahr nicht mehr aktualisiert worden.»

Toppe rückte seinen Stuhl neben Cox und schaute sich die
Site an. Das Foto war gut; es mochte schon ein paar Jahre alt
sein, aber Holtermann hatte sich nicht groß verändert. Ein
kräftiger Mann mit dichtem braunem Haar, grünen Augen
und einer auffälligen Hakennase.

Cox druckte das Foto aus. «Ich gehe rüber, mache Kopien
und bringe sie zur Wache. Die können sie dann weiterver-
teilen.»

Toppe nickte abwesend und wählte Sofias Nummer. Hof-

205

fentlich war sie nicht mit Astrid und Arend auf die Demo gegangen.

Aber er hatte Glück. «Ich bin mit Katharina zu Hause geblieben. Sie ist ja noch ein bisschen zu jung für so ein Spektakel, und ich fühle mich in Menschenmengen nie besonders wohl.»

«Hör mal, kannst du mir etwas über Andreas Holtermann erzählen?», fragte er ganz direkt.

Sie schwieg einen verdutzten Moment lang. «Ich kenne den Mann kaum», sagte sie dann. «Aber ich könnte mit Frau Krajewski sprechen, du weißt schon, die Dame, die meine Ausstellung mit eröffnet hat. Willst du etwas Bestimmtes wissen?»

«Alles über seine berufliche, private und finanzielle Situation, wenn möglich», antwortete Toppe und lachte dann. «Tut mir leid, dass ich dich dafür einspanne, aber die Zeit drängt ein bisschen. Ich erklär's dir später.»

«Ist schon okay, Helmut, ich melde mich, sobald ich etwas herausgefunden habe.»

Toppe legte auf und ließ vorsichtig die Schultern kreisen – sein Nacken war hart wie Beton –, dann schaute er sich die Website genauer an.

Andreas Holtermann hatte 1994 die Tischlerei seines Vaters übernommen und sich auf hochwertige Parkett- und Dielenböden spezialisiert. Gleichzeitig hatte er für sich die in Westeuropa beinahe in Vergessenheit geratene Mosaiktechnik aus Glasfluss entdeckt und damit zu experimentieren begonnen. 1996 hatte er den Auftrag bekommen, einige Böden im neuen Museum Kurhaus zu gestalten, und sich damit einen Namen gemacht. Danach folgten Aufträge für Museen und Galerien in ganz Deutschland, später dann auch im europäischen Ausland. Holtermanns «Böden der Kunst», wie er sie nannte, waren Kombinationen aus den unterschiedlichsten Materialien – Holz, Beton, Stahl, Steinzeug, Glasflussmosaik – und wurden in allen namhaften Architekturzeitschriften über den grünen Klee gelobt.

Toppe lehnte sich zurück. Eine Bilderbuchkarriere, dachte er, vom einfachen Tischler mitten hinein in die Kunstszene bis hin zum Posten des Vorsitzenden der Museumsfreunde. Das hieß schon etwas in dieser Stadt.

Er klickte weiter und entdeckte ein zweites Foto: Familienidyll im Sommergarten – Holtermann, eine hübsche Frau mit hellem Haar und sehr weißen Zähnen, zwei süße honigblonde Mädchen, Zwillinge offenbar, ein schwarzer Labradorwelpe.

Die Aufnahme war vor zwei Jahren entstanden, also mussten die Kinder heute etwa sechs Jahre alt sein. «Mirka und Andreas mit Zoe und Naomi und unserem Knuddelhund» war die Bildunterschrift.

Als Privatadresse war «Klever Berg» angegeben, nicht «Prinzenhof».

Toppe loggte sich ins Melderegister ein.

Am Prinzenhof war Holtermann erst seit Januar gemeldet. Mirka Holtermann und die beiden Mädchen wohnten jetzt in der Tiergartenstraße.

Offensichtlich hatte man sich getrennt.

An jedem anderen Samstag wäre die Stadt um diese Uhrzeit voll gewesen. Besonders die holländischen Nachbarn hätten ihre Besorgungen gemacht und sich vor einem der Cafés ein «Pilsje» gegönnt.

Heute war kaum ein Mensch unterwegs, und es war, abgesehen von den knarzenden Funkgeräten der Polizisten, beinahe unnatürlich still.

Bernie Schnittges sah eine Gruppe junger Leute, die aus Richtung Bahnhof kam und die Stadt hinaufeilte. Sie hatten ein riesiges Plakat bei sich: «**D**eutschtum – **H**abgier – **M**achtstreben» war darauf zu lesen.

An der Wasserstraße hatten gleich drei Beamte einen Mann in der Mangel, von dem Bernie wusste, dass er zum Grünen-Ortsverband gehörte. Er musste sämtliche Taschen ausleeren und den Inhalt auf den Boden legen.

«Wie kann man an einem solchen Tag ohne Ausweispapiere aus dem Haus gehen?», wurde er angeraunzt.

Der Mann trug einen Vollbart.

Aus einem der Funkgeräte kam die Nachricht: «Der Zug setzt sich jetzt in Bewegung.»

Stoffaufnäher, die man sich an die Jacke heften muss, das wäre es doch, dachte Bernie. «C» für Christ, «M» für Muslim, «B» für Buddhist ...

Toppe wunderte sich ein wenig, dass die normalerweise besonnene und immer um Ausgleich bemühte Sofia sich so aufregte. «Und diese Frau war mir mal sympathisch! Kein gutes Haar hat sie an Holtermann gelassen. Wenn ich eines hasse, dann ist das diese Art von Klatsch.»

Simone Krajewski fand, dass Holtermann nie in ihren «Zirkel» gepasst hatte – «intellektuell, Sie wissen schon». Und dass er 2006 bei der Wahl zum Ersten Vorsitzenden die meisten Stimmen auf sich hatte vereinigen können, war ihr völlig unverständlich. Sie hielt es ihm allerdings zugute, dass er sich darauf verstanden hatte, finanzkräftige Sponsoren aufzutun. Mit seinen eigenen Finanzen sei er im letzten Jahr aber wohl in Schwierigkeiten geraten. Man munkelte, er habe sich an der Börse verspekuliert und ein paar «windige Geschäfte» gemacht. Jedenfalls hatte er im Herbst Konkurs anmelden müssen und war damit für den «Zirkel» untragbar geworden, erst recht, als ihn dann auch noch seine Frau verlassen hatte.

«Ich hatte übrigens Glück, dass ich sie noch erwischt habe», sagte Sofia. «Sie wollte gerade los, um sich ‹diese Demo mal anzuschauen›. Ist das eine neue Art von Tourismus?»

Schnittges wartete an der Stadthalle.

Nachdem er sich mit van Gemmern getroffen und selbst festgestellt hatte, dass Holtermann nicht zu Hause war, hatte er Ackermann angerufen. Der wollte sofort loslaufen und unterwegs schon einmal telefonisch Informationen über Holtermann sammeln.

Hier rollten jetzt die ersten Limousinen an und folgten dem abgesteckten Weg zum Parkplatz.

Bernie konnte nicht erkennen, wer darin saß, denn sie hatten ausnahmslos getönte Scheiben.

Es waren Wagen aus Berlin und München dabei, obwohl es sich doch um einen Landesparteitag handelte. Vielleicht war dieser Holländer nicht der einzige Gastredner.

Er entdeckte Ackermann, der an einer Absperrung mit zwei Kollegen verhandelte und schließlich durchgewinkt wurde. Er trug ein gelbes T-Shirt mit der Anti-Atomkraft-Sonne, das schon bessere Zeiten gesehen hatte und viel zu eng war.

Bernie musste grinsen. Vermutlich hatte Jupp es schon damals bei den Demos gegen den Schnellen Brüter in Kalkar getragen und für den speziellen Anlass heute wieder ausgegraben.

Besonders zufrieden sah Ackermann nicht aus. «Viel hab ich noch nich' über Holtermann rausgekriegt.»

Er beugte sich vor, legte die Hände auf die Knie und atmete ein paarmal durch. «Seine Mirka soll ihm 'n Arschtritt verpasst haben, wie er pleite gemacht hat. Se wohnt jetz' mit den zwei Blagen wieder bei den Eltern. Die haben wohl 'ne dicke Villa auffe Tiergartenstraße.» Er zupfte an seinem Shirt, es war am Rücken vollkommen durchgeschwitzt. «Holtermanns Mutter is' tot, der Vater lebt wohl noch, muss aber dick inne Achtzig sein un' sitzt im Altersheim in Keeken.» Er hob die Hände. «Dat is' et auch schon, mehr hab ich noch nich'.»

Er zog ein kariertes Taschentuch aus der Hose und wischte sich die Stirn ab. «Guck dir bloß ma' die Wolken an. Dat sieht echt nich' gut aus.»

Der Himmel über der Schwanenburg war blauschwarz.

«Und windig wird es auch», sagte Schnittges. «Na, dann los.»

«Haste schon wat vom Chef gehört?», wollte Ackermann wissen, als sie den Weg zum Präsidium einschlugen.

«Peter hat im Netz wohl ein Foto von Holtermann gefunden und lässt es gerade an die Jungs verteilen.»

Ackermann schnaubte. «Als ob et dat bringt! Wie Klaus bei ihm aufgetaucht is', da wusst' Holtermann doch, wat die Uhr geschlagen hat. Da wird er jetz' bestimmt nich' inne Stadt rumflanieren. Der hat sich schleunigst vom Acker gemacht, glaub et mir.»

«Ohne Auto?» Schnittges hatte so seine Zweifel.

«Vielleich' mit de Fiets», schlug Ackermann vor. «Oder er

versteckt sich ir'ndwo, bis der Zirkus hier vorbei is', un' haut dann ab, mit 'm Bus nach Nimwegen zum Beispiel.»

Er blieb unvermittelt stehen. «Dem seine alte Firma is' da vorne inne Pannofenstraße. Solln wir ma' gucken gehen?»

«Du spinnst.» Bernie ging einfach weiter. «Der Mann is' bewaffnet.»

«Da haste auch wieder recht. Vielleich' hat er ja auch ir'ndwo 'ne Jagdhütte, wo er sich verkriechen kann.»

Schnittges musste lachen. «Eine Jagdhütte am Niederrhein! Deine Phantasie möchte ich haben.»

«Oder so wat Ähnliches eben. Man müsst ma' den Vater fragen un' die Frau.»

Im Präsidium stand Cox vor der Tafel. Er hatte die Namensliste vom Klassentreffen abgewischt und war gerade dabei, alle Informationen zu Andreas Holtermann aufzuschreiben, die sie bisher gesammelt hatten.

Toppe telefonierte mit Freytag.

Ackermann stürzte sofort auf ihn zu und hampelte so lange vor ihm herum, bis Toppe «Moment mal» sagte und die Hand über die Muschel legte.

«Sag dem, der soll einen von seine Kampftrupps inne Pannofenstraße schicken, in die alte Firma von Holtermann. Könnt doch sein, er will sich da verschanzen.»

Ackermann hatte im Altenheim angerufen. Dort war Andreas Holtermann nicht. Die Heimleiterin hatte schon seit ein paar Tagen versucht, ihn zu erreichen, aber sein Handy war ausgeschaltet gewesen. Normalerweise hatte Holtermann seinen Vater fast täglich besucht, aber jetzt war er schon seit zwei

211

Wochen nicht mehr da gewesen, und man hatte sich Sorgen um ihn gemacht. Sein Vater allerdings nicht, der litt an Demenz und erkannte seinen Sohn schon lange nicht mehr.

Mirka Holtermann war nicht zu erreichen, Toppe hatte nur mit ihrer Mutter gesprochen.

«Meine Tochter ist auf der Demonstration in der Stadt, ich passe so lange auf die Kleinen auf ... Nein! Warum sollte mein Schwiegersohn hier sein? Die beiden leben ja getrennt. Aber warum fragen Sie?»

Sie hatte sehr alarmiert geklungen, aber Toppe hatte sie irgendwie beschwichtigen können, ohne etwas preiszugeben.

«Um ehrlich zu sein, sogar Mirka macht sich mittlerweile Sorgen um Andreas. Normalerweise holt er die Mädchen jedes Wochenende zu sich, pünktlich um zehn am Samstagmorgen. Aber die letzten beiden Samstage ist er nicht gekommen und heute auch nicht. Und wir können ihn telefonisch nicht erreichen.»

«Ihr Schwiegersohn hat einen Hund, nicht wahr?», hatte Toppe gefragt.

«Amy, ja, sein Ein und Alles.»

«Ich habe ihn in die Fahndung gegeben», sagte Cox.

Bernie fasste ihre kargen Informationen zusammen. «Vor ungefähr zwei Wochen hat Holtermann sich also quasi aus seinem normalen Leben verabschiedet.»

«Wat man so normal nennt», wandte Ackermann ein. «Normal war für den inne letzten Jahre 'n schönes Haus am Klever Berg, 'ne Familie wie aus 'm Prospekt, dicke Knete un' vor allem Renommee inne Klever Möchtegern-High-Society. Un' dann lässt er sich mit Huth ein un' fliegt auffe Schnauze.»

«Wir müssen uns Konteneinsicht verschaffen», sagte Schnittges. «Ich kann mir nicht vorstellen, dass allein die Pleite von ‹Vestobuild› ihm so den Boden unter den Füßen wegziehen konnte.»

«Er soll doch auch anne Börse spekuliert haben.» Ackermann nahm seine Brille ab und polierte sie mit dem Saum seines T-Shirts. «Könnt da nich' Huth sein Berater gewesen sein?»

«Wie auch immer», Cox schaute in die Ferne, «Holtermann hat einen mittleren Schiffbruch erlitten, seine Frau trennt sich von ihm, alles schlimm, klar. Aber irgendwie scheint er sich doch arrangiert zu haben. Er besucht weiterhin seinen Vater im Altenheim, er holt die Kinder regelmäßig zu sich – bis vor vierzehn Tagen. Warum? Was ist da passiert?»

«Da haben se ihn aus 'em Vorstand vonne Kunstfreunde gekickt», antwortete Ackermann.

Was er nicht wahrhaben wollte, dachte Toppe. Auf der Vernissage hatte er immer noch auf Vorsitzender gemacht.

Er schauderte. «Es gefällt mir nicht, dass er seinen Hund zurückgelassen hat.»

Das Telefon auf seinem Schreibtisch schrillte.

NEUNZEHN   Der Wachhabende war nüchtern und präzise wie immer in einem solchen Fall:

«Todesopfer, weiblich, Schussverletzung am Kopf. Tatort: Hagsche Straße, Höhe ehemaliges Postgebäude. Täter flüchtig. Das Opfer heißt Simone Krajewski, 51 Jahre alt.»

Toppes Herz setzte einen Schlag aus. «Wir kommen. Sag der Spusi und ...»

«Schon in Arbeit, die Dokterin wird informiert, van Gemmern ist schon ausgerückt.»

Sie mussten durch Seitenstraßen laufen, denn der Demonstrationszug hatte mittlerweile die Große Straße erreicht, und gegen den Strom war kein Durchkommen.

Der Himmel hatte sich gelb verfärbt, es roch nach Schwefel.

Gerade als sie sich von der Böllenstege her zum Tatort durchzwängten, entluden sich Blitz und Donner gleichzeitig, das Unwetter war direkt über ihnen, aber es fiel nicht ein Tropfen Regen.

Die Demonstranten strebten unbeirrt voran.

«Küsst die Faschisten, küsst die Faschisten, küsst die Faschisten, wo ihr sie trefft», skandierten sie.

Tucholsky, dachte Toppe, großartig, dass sich jemand daran erinnert hatte.

Dann entdeckte er van Gemmern, der vornüber gebeugt mit ausgebreiteten Armen dastand wie ein Rachevogel.

«Schafft mir sofort Absperrgitter heran!», fuhr er die Sanitäter und die beiden Streifenbeamten an.

Toppe legte ihm die Hand auf die Schulter.

«Lass gut sein, Klaus, hier gibt es keine Spuren zu sichern.»

Sie wurden immer wieder angerempelt, die Menschen setzten ihre Trillerpfeifen ein und schenkten der Frau, die da auf dem Boden lag, wenig Beachtung. Da hatte wohl eine schlappgemacht, kein Wunder bei dem Wetter, und die Sanis waren ja schon da.

Van Gemmern ließ resigniert die Arme sinken. «Okay, dann tragt sie gleich dort um die Ecke zur VHS.»

Ackermann telefonierte schon mit dem Bestattungsunternehmen.

Simone Krajewski lag auf dem Bauch, den Kopf zur Seite gedreht, die Augen weit offen. Ihr gelbes Leinenkleid war weit über die Schenkel nach oben geschoben und mit Urin und Kot durchtränkt.

Die wenigsten Menschen, die eines plötzlichen Todes gestorben waren, sahen würdig aus, dachte Bernie, das wusste er, dennoch empörte es ihn jedes Mal wieder.

Er ging in die Hocke und betrachtete den Hinterkopf der Frau. «Man sieht den Einschuss kaum», stellte er fest. «Und eine Austrittswunde gibt es nicht.»

«Weil es sich wohl um die gleiche Munition handelt wie bei Evers», sagte van Gemmern.

Wieder blitzte es, der Donner, der unmittelbar folgte, war so heftig, dass man das Gefühl hatte, die Erde bebte.

«Zeugen?», brüllte Schnittges den grünen Kollegen an, der am nächsten stand.

Der schüttelte hilflos den Kopf. «Bei dem Chaos hier?»

Die Sanitäter kamen mit ihrer Trage um die Ecke.

«Wartet», befahl van Gemmern, «ich will noch ein paar Fotos machen. Verschafft mir mal ein bisschen Platz. Los, bildet einen Kreis, fasst euch an den Händen, was auch immer!»

Er trat drei Schritte zurück, hob die Kamera und wurde von einem Plakat am Rücken getroffen: «**D**eutscher **H**eimat **M**üll.»

Sein Fluch ging im Gellen der Pfeifen unter.

Ackermann stupste Toppe in die Seite.

Freytag war gekommen.

Er beugte sich kurz über die Tote und rümpfte angewidert die Nase.

Wo auch immer der Mann gearbeitet hatte, bevor er zum Staatsschutz gegangen war, zu einer Mordkommission hatte er sicher nie gehört.

Toppe wandte sich ab. «Sag Dr. Beauchamps Bescheid, dass sie nicht herkommen muss, Bernie.»

Van Gemmern gab den Sanitätern grünes Licht. Sie hoben die Tote auf die Trage und legten eine Decke über sie.

«Ich kann hierbleiben, bis der Leichenwagen kommt», bot Ackermann an.

«Gut.» Toppe schaute sich um, Freytag war wieder verschwunden. «Wir versuchen dann mal, uns zum Präsidium durchzuschlagen.»

Cox, der im Büro die Stellung gehalten hatte, sah ihnen gespannt entgegen.

«Ein Kopfschuss aus nächster Nähe», bestätigte Toppe. «Sieht nach der gleichen Munition wie bei Evers aus.»

Der nächste Donner krachte so laut, dass die Fensterscheiben klirrten.

Cox war ganz blass.

«Ein Kollege hat Holtermann gerade vor H&M gesehen, ihn aber dann in der Menge sofort wieder aus den Augen verloren.»

Jetzt fing es endlich an zu regnen.

Bernie stellte sich ans Fenster. «Holtermann ist auf einem Rachefeldzug», sortierte er laut seine Gedanken. «Er besorgt sich eine Waffe, um diejenigen, die er für sein Elend verantwortlich macht, auszulöschen.»

«Bei Huth klappt das nicht auf Anhieb, aber er hält an seinem Plan fest und wartet auf die nächste Gelegenheit», fuhr Cox fort.

«Die sich schneller ergibt, als er erwartet hat», nickte Schnittges. «Er trifft zufällig auf Huth, als er mit seinem Hund unterwegs ist. Die Waffe hat er nicht bei sich, aber es packt ihn eine solche Wut, dass er ihm den Schädel an der Mauer zerschlägt.»

Cox schluckte trocken. «Welcher Mensch geht nachts um vier mit seinem Hund spazieren?»

«Jemand, der nicht mehr schlafen kann», antwortete Toppe und zog sein klingelndes Handy aus der Tasche.

Es war Ackermann. «Die Tote is' abgeholt worden un' unterwegs nach Emmerich. Ich krieg grad über Funk mit, dat einer Holtermann am Bühneneingang vonne Stadthalle gesehen haben will. Ich lauf da ma' runter.»

«Hast du deine Dienstwaffe dabei?»

«Na, logo.»

Toppe legte auf. «Wir können nur hoffen, dass Holtermann sich mit der Krajewski in der Stadt verabredet hatte ...»

Bernie wusste, was er meinte. «Denn sonst läuft er durch die Gegend und guckt einfach, wer ihm zufällig vor die Flinte läuft von denen, die für sein Elend verantwortlich sind.»

Cox schaute zur Tafel. «Wen hält er denn für schuldig? Huth, das ist klar. Die Krajewski, weil sie gegen ihn gestimmt und ihm seinen Posten weggenommen hat? Oder weil sie zum Vorstand gehört? Dann sind die anderen Mitglieder auch in Gefahr.»

«Das ist schwer einzuschätzen. Wer weiß schon, wen er noch für seine Misere verantwortlich macht?», sagte Toppe. «Der Mann handelt nicht rational.» Ihm lief ein Schauer über den Rücken, wenn er an Holtermanns scheinbar freundliche Gelassenheit bei der Vernissage dachte. «Er handelt wie ein Zombie.»

Das Telefon bimmelte.

«Ein weiteres Opfer, weiblich, Schussverletzung am Rücken. Tatort: Wasserstraße, Höhe Weinladen. Täter flüchtig. Notarzt vor Ort. Name des Opfers: Mirka Holtermann, 35 Jahre alt.»

«Scheiße!» Schnittges schlug mit beiden Fäusten auf die Tischplatte.

Cox war noch blasser geworden. «Er will auch seine Familie auslöschen. Wir müssen zu den Kindern!» Er sprang auf. «Ich nehme mir unten eine Streife und fahre zur Tiergartenstraße.»

Auch Schnittges war aufgesprungen. «Und wir müssen zum Prinzenhof. Es kann doch auch sein, dass er den deutschen Klassiker wählt: Erst tötet er seinen Hund und dann sich selbst.»

Er suchte Toppes Blick. «Ich habe den Jungs, die da oben eingesetzt sind, gesagt, sie sollen ein Auge auf Holtermanns Wohnung haben, aber ...»

«Lauf los.» Toppe hob die Hand. Sein Handy vibrierte. Es war Ackermann.

«Ihr habt et bestimmt schon gehört. Ich hab se gesehen, vier Schüsse in den Rücken. Der Notarzt hat se mitgenommen, aber er konnt nich' sagen, ob se durchkommt. Wat solln wir bloß tun?» Er klang verzweifelt.

«Bleib dort», sagte Toppe. «Ich komme.»

Es schüttete wie aus Eimern. Schon nach hundert Metern war Toppe nass bis auf die Haut, die Hose klebte ihm an den Beinen.

Als er sich der Stadthalle näherte, mochte er seinen Augen nicht trauen.

Die Demonstranten, die schon dort angekommen waren, lagen sich in den Armen, Männer hatten ihre Hemden ausgezogen, auch viele Frauen schwenkten ihre klatschnassen Oberteile und sangen: «Freedom ... Freedom ...»

Richie Havens, erkannte Toppe.

«Sometimes I feel like a motherless child ...»

Ackermann stand an der Stelle, an der die Spurensicherung

219

die Umrisse der getroffenen Mirka Holtermann auf den Asphalt geklebt hatte. Er hielt ein Funkgerät in der Hand und schaute Toppe fassungslos an.

«Die spielen hier ‹Woodstock›, dat kann doch nich' sein! Hast du jemand zu den Kindern geschickt?»

«Peter ist hingefahren. Er hat sich gerade gemeldet, den Kindern geht es gut.»

Der Regen hörte so plötzlich auf, wie er begonnen hatte.

Immer mehr Demonstranten kamen an, immer lauter wurden die Gesänge.

Ackermann nahm seine nasse Brille herunter und schüttelte die Tropfen ab. Toppe wollte ihm ein Tempotuch geben, fand in seinen Hosentaschen aber nur zwei feuchte, krümelige Bälle.

Die beiden Feuerwehrwagen, die für alle Fälle an der Stadthalle positioniert waren, schalteten Blaulicht und Sirene ein und setzten sich in Bewegung. Die Leute, die in der Nähe standen, sprangen zurück und hielten sich die Ohren zu.

«Wat is' denn jetz' kaputt?», rief Ackermann.

Die Antwort kam aus seinem Funkgerät: «Brand in der Pannofenstraße!»

«Holtermanns Betrieb!» Ackermann war fuchsteufelswild. «Un' ich hab doch dem Freytag extra noch gesagt, er soll dafür sorgen, dat er sich da nich' verkriechen kann.»

Er fasste Toppe beim Arm. «Los!»

Aber Toppe hielt ihn zurück. «Guck dir das an.»

Die vermummten Scharfschützen, die auf dem Dach der Stadthalle gelegen hatten und in den oberen Stockwerken der umliegenden Häuser postiert gewesen waren, kamen auf die Straße und rannten los.

Ackermann schüttelte nur den Kopf.

Es musste ein Riesenfeuer sein. Schon auf der Brücke am Opschlag sahen sie in der schwarzen Rauchwolke Flammen über der Baulücke mit dem «Vestobau»-Schild lodern.

Schon hier stank es nach Benzin.

Die Feuerwehr war dabei, die angrenzenden Häuser zu evakuieren, und scheuchte die Menschen die Straße hinunter.

Der Brandmeister hatte ein Megaphon. «Bitte entfernen Sie sich so weit wie möglich. Es besteht Explosionsgefahr.»

Die schwarzen Männer mit den Sturmgewehren standen an der Straßenecke.

«Was wollen die hier?» Toppe musste brüllen, so laut prasselten die Flammen.

«Den finalen Fangschuss setzen, wenn der Mörder rauskommt.» Ackermann hustete.

«Wenn Holtermann da drin ist, bleibt nichts mehr von ihm übrig.»

So, wie es aussah, hatte die Feuerwehr es aufgegeben, Holtermanns Betrieb löschen zu wollen, und setzte alles daran, zu verhindern, dass der Brand auf die Nachbarhäuser übergriff.

«Dat was denn eiges.»

Toppe fuhr zu dem älteren Mann herum. «Wer? Holtermann?» So viel Platt verstand er mittlerweile.

Der Mann nickte. «Das Ganze ging mit einem Knall los, deshalb hab ich aus dem Fenster geguckt. Da kam Andreas gerade vorbei mit einem Kanister unterm Arm. Ich hab noch gegen die Scheibe geklopft, aber er hat mich nicht gehört. Der sah aus wie der Tod.»

Ackermann gab ein gequältes Stöhnen von sich.

«Wie ist Ihr Name?», fragte Toppe den Mann.

«Coenders, Werner.»

Toppe drückte ihm seine Karte in die Hand. «Bitte melden Sie sich so bald wie möglich im Präsidium.»

«Wo?» Ackermann hielt es nicht mehr aus. «In welche Richtung is' er gelaufen?»

Der Mann zeigte nach rechts. «Da, nach der Demo hin.»

Sie rannten los.

«Der halbe deutsche Staatsschutz is' in der Stadt, un' keiner kriegt mit, dat da einer mit 'nem Benzinkanister rumrennt», fluchte Ackermann. «Wo will der hin?»

Als sie auf dem vorderen Parkplatz ankamen, wussten sie es.

Vor dem Haupteingang kreischten Frauen panisch auf, die Menge wogte nach hinten.

«Hilfe!»

«O Gott, der zündet sich an!»

Toppe und Ackermann setzten ihre Ellbogen ein, aber sie schafften es nicht.

Ein Kamerateam rammte sich brutal durch.

Der Reporter sprach in sein Mikrophon, bevor er vorn angekommen war: «Niemand weiß bisher, um wen es sich handelt, meine Damen und Herren ...»

Dann nahm er das Mikro herunter.

Über seine Schulter hinweg sah Toppe Holtermann knien, ein brennendes Feuerzeug in der Hand.

«Halt drauf, Jens!», befahl der Reporter.

Der Kameramann nickte. «Klar. Ich hab einen super Bildausschnitt.»

«Mit allem haben wir hier in dieser Stadt in diesen Tagen gerechnet: mit linkem Terror, mit rechtem Terror ...»

Eine Flammensäule schoss empor.

Die Menschen waren still.

«... aber nicht mit einem derartigen politischen Fanal.»

Ackermann biss sich die Lippen blutig.

«Dieses Ereignis, meine Damen und Herren, wird das Gesicht Europas verändern.»

Das für dieses Buch verwendete FSC®-zertifizierte Papier
Holmen Book Cream liefert Holmen, Schweden.